BEGINNING READER

¡Lee conmigo!

1

HOLT, RINEHART AND **WINSTON**

A Harcourt Education Company

Austin • Orlando • Chicago • New York • Toronto • London • San Diego

Author:

Sylvia Madrigal Velasco

Reviewers:

Marcia Tugendhat

Todd Phillips

Requests for permission to make copies of any part of the work should be mailed to the following address: Permissions Department, Holt, Rinehart and Winston, 10801 N. MoPac Expressway, Building 3, Austin, Texas 78759.

Cover Photo/Illustrations Credits: Front/Back Cover: (boy), Sam Dudgeon/HRW Photo; (grass), Corbis Images; (mountains), Corbis Images; (tree line), Corbis Images; (clouds), Corbis Images; (Cathedral), Corbis Images; (Mission), Digital Imagery ® 2001 PhotoDisc, Inc. (Pyramid), Corbis Images; (Statue), Corbis Images; (Skyscraper), Tom Owen Edmunds/Image Bank

Acknowledgments appear on page 136, which is an extension of the copyright page.

Printed in the United States of America

ISBN 0-03-065614-1

1 2 3 4 5 6 7 066 05 04 03 02 01

To the Student

You might think that reading is a passive activity, but something mysterious happens as you read. The words on a page enter your mind and interact with whatever else happens to be there—your experiences, thoughts, memories, hopes, and fears. If a character says, "I had to run away. I had no choice," you might say, "Yeah, I know what that feels like." Another reader, however, may say, "What is he talking about? You always have a choice." We all make our own meaning depending on who we are. Here are some of the ways we do that:

1. **We connect with the text.** We might think, "This reminds me of something," or "I once did that."

2. **We ask questions**. We ask about unfamiliar words, or about what might happen next, or about a character's motivation.

3. **We make predictions.** We may not realize that we are making predictions as we read, but if we've ever been surprised by something in a story, that means we had predicted something else.

4. **We interpret.** We figure out what each part of a story means and how the parts work together to create meaning.

5. **We extend the text.** We extend the meaning of a story to the wider life around us, including actual life, films, and other stories.

6. **We challenge the text.** We might feel that a character is not realistic or that the plot is poor or that we don't like the writing.

Experienced readers develop reading skills that help them do all these things. As you read through ¡**Lee conmigo!** you will encounter many kinds of texts, from newspaper ads to poetry to short stories. Some of them you will be able to read right away; others will require more effort on your part. Each text comes with pre-reading, and during-reading strategies and post-reading activities. These will help you to decode the text quicker and to better understand its meaning, and therefore to enjoy it more!

Table of Contents

To the Student .... **iii**

Capítulo 1

Antes de leer
Estrategia: Using prior knowledge **1**
Tarjetas electrónicas **2**
Después de leer Actividades **4**

Antes de leer **6**
El cumpleaños de Julio **7**
Después de leer Actividades **8**
Un poco más: Tarjetas animadas;
Crucigrama; Nota cultural **9**

Capítulo 2

Antes de leer
Estrategia: Analyzing persuasion **11**
¡Exprésate! **12**
Después de leer Actividades **14**

Antes de leer **15**
El poema ganador **16**
Después de leer Actividades **18**
Un poco más: *Odas elementales;*
Oda original; Nota cultural **19**

Capítulo 3

Antes de leer
Estrategia: Determining the writer's
purpose **21**
La vida de Eva **22**
Después de leer Actividades **28**
Un poco más: Una carta o
una tira cómica **30**

Tenista gana primer lugar en torneo

Nuevo programa de reciclaje a petición del club de Ecología

Cruz Roja necesita voluntarios

Capítulo 4

Capítulo 5

Capítulo 6

Take a walk through history, visit San Antonio and see some Texas History!

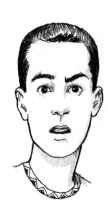

¡Te amo!

¡Feliz Día de los Enamorados!

Capítulo

1
Antes de leer
Tarjetas electrónicas

Estrategia

Using prior knowledge Prior knowledge is what we already know— the information that we already have in our heads. Good readers use prior knowledge to anticipate what a text is about before they begin reading. They look at the format, the art, the title, the author, the photos, anything that might help them anticipate the content of the text. When looking at a text in a language other than your own, you can use prior knowledge about your own language to help you anticipate and decipher the content of the foreign text.

Actividad

La comunidad The following images are from a small-town Spanish newspaper, *La comunidad.* Use any prior knowledge you might have to decide what each image is about and match it with its description.

1.

Pedro Saldívar
1925-2001

Pedro Saldívar passed away June 6, 2001
He was raised at San Antonio afinadffina
infinikfig kjfghiudsbfgsa.
A service celebrating his life will be on

2.

Zamora - González

The parents of Andrea Zamora wish to announce the marriage of the daughter
to Mr Sal González. The wedding will take place at their home on June 12, 2001.
Maybe some more text should go here I think. Maybe something in Spanish.

3. Crucigrama

4.

Tecnomundo

$325.00

for a
limited
time!

a. a birth announcement

b. a crossword puzzle

c. an ad for a car sale

d. a personal birthday
   greeting

e. a wedding announcement

f. an obituary

g. daily television listings

h. an ad for a computer store

A. Using your prior knowledge, can you figure out what you're looking at?
   a. the front page of a newspaper
   b. a computer screen
   c. a television screen

B. What is the person who is looking at this page doing?
   a. using a word processing program
   b. playing an electronic game
   c. creating an electronic greeting

C. What category has the person on this page highlighted?
   a. wedding
   b. birthday
   c. birth announcement

D. What prior knowledge did you use to guess the category that is highlighted?

Tarjetas electrónicas

e-tarjetas.com

| Tarjetas | Novedades | Regalos | Flores |

¡Bienvenidos a e-tarjetas.com!

Aquí puedes escoger y diseñar tus propias tarjetas electrónicas para ¡cualquier ocasión!

Amistades   Amor   Aniversario

Bebé   Boda   ¡Buena suerte!

Cumpleaños   Deportes   Día festivo

Felicidades   ¡Mejórate!   Naturaleza

Gracias   Para niños   Vacaciones

+ Más categorías   **¿...?** Preguntas   **◄** Previa   **►** Próxima

El cumpleaños de Julio

15   15

¿Cuándo?: el 14 de junio
¿Dónde?: Fernando Díaz de Mendoza, 18
         28019 Madrid
¿A qué hora?: 18:00 horas
r.s.v.p.: 460-2099

Revisa tu tarjeta   Envía tu tarjeta

Nosotros, los amigos de Julio Saavedra Ochoa,
te invitamos a una fiesta para celebrar su cumpleaños.
¡Julio cumple quince años!
¡Ven a participar en la fiesta más divertida del año!

Mientras lees

E. Does the format give you any clues about the content of the electronic greeting?

F. What do you think the greeting is?
  a. a birthday card
  b. an invitation to a birthday party
  c. a thank-you note

G. Can you tell who has been invited?

H. Can you tell who is sending the card? Is it one person or more?

I. Has the card been sent? Or is it just being reviewed?

Nota cultural

¿Sabías que...? In some Spanish-speaking countries, military time is used in printed material. Military time counts the hours from 1 to 24, rather than 1 to 12. For times after twelve noon, just keep counting from twelve: one p.m. is 13 hours; two p.m. is 14 hours, three p.m. is 15 hours, etc. What time is listed in the electronic greeting?

Calendario de eventos

12h00:
Festival de cine francés
Local: Auditorio del museo

15h00:
Exposición de arte
Local: Nuevo museo

17h00:
Concierto de piano
Local: Auditorio del museo

19h00:
Presentación de danza
Local: Teatro Carlos Tamariz

20h00:
Festival video-rock
Local: Auditorio del museo

23h00:
Gran baile:"Los Prisioneros"
Local: Parque de San Sebastián

Después de leer
Actividades

¡Adivina!

| Tarjetas | Novedades | Regalos | Flores |

Based on the icons at the **e-tarjetas.com** web site, can you guess what the following categories are? Match the category in Column 1 to its description in Column 2.

Column 1

1. Amistades
2. Amor
3. Aniversario
4. Bebé
5. Boda
6. ¡Buena suerte!
7. Deportes
8. Día festivo
9. Felicidades
10. ¡Mejórate!
11. Naturaleza
12. Gracias
13. Para niños
14. Vacaciones

Column 2

a. Wedding
b. Nature
c. Love
d. Holiday
e. Baby
f. Vacation
g. Friends
h. Congratulations
i. For Kids
j. Anniversary
k. Good luck
l. Get well
m. Sports
n. Thank you

Categorías

You want to send an electronic greeting to each person in the following situations. Which category would you click on?

1. Your aunt just had a baby.
   a. Boda
   b. Bebé
   c. Para niños

2. Your friend is in the hospital because of a sports injury.
   a. Vacaciones
   b. Deportes
   c. ¡Mejórate!

3. Your cousin just won a prize for his science project.
   a. Gracias
   b. ¡Buena suerte!
   c. Felicidades

4. Your best friend moved to another city and you miss him terribly.
   a. Amistades
   b. Aniversario
   c. Cumpleaños

5. Your brother is going to compete in a tennis tournament and he is very nervous.
   a. ¡Buena suerte!
   b. Felicidades
   c. Deportes

6. Your teacher spent extra time with you after school to help you with some grammar that you didn't understand.
   a. Día festivo
   b. Gracias
   c. Boda

3 Lo que ya sabes

Using your prior knowledge about invitations, can you obtain the following information from the electronic invitation? If not enough information is provided on the invitation to answer the question, indicate that.

1. Whose birthday is it?
2. How old is he going to be?
3. When is his birthday?
4. What city is the party in?
5. Who is throwing the party?
6. How many people are invited to the party?
7. What is the date of the party?
8. What is the name of the street that the party will be held on?
9. What time does the party start?
10. Is it formal or casual attire?

4 Tu propio mensaje

Personalize your own greeting to a friend. Enter a subject for your greeting, along with a personal message to your recipient(s) in the fields below.

Para: Dirección electrónica

De: Dirección electrónica

Categoría:

Mensaje:

Antes de leer
El cumpleaños de Julio

Actividad

Ana is a friend of Julio Saavedra Ochoa. She went to his fifteenth birthday party and took several digital pictures. She wrote an e-mail to a friend in Barcelona and attached some of the pictures from the party. Can you match the descriptions from her e-mail to the photos she is referring to?

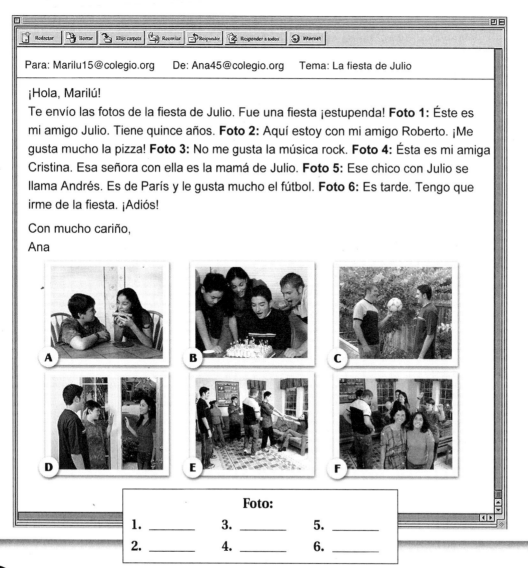

Redactar | Borrar | Elija carpeta | Reenviar | Responder | Responder a todos | Internet

Para: Marilu15@colegio.org   De: Ana45@colegio.org   Tema: La fiesta de Julio

¡Hola, Marilú!

Te envío las fotos de la fiesta de Julio. Fue una fiesta ¡estupenda! **Foto 1:** Éste es mi amigo Julio. Tiene quince años. **Foto 2:** Aquí estoy con mi amigo Roberto. ¡Me gusta mucho la pizza! **Foto 3:** No me gusta la música rock. **Foto 4:** Ésta es mi amiga Cristina. Esa señora con ella es la mamá de Julio. **Foto 5:** Ese chico con Julio se llama Andrés. Es de París y le gusta mucho el fútbol. **Foto 6:** Es tarde. Tengo que irme de la fiesta. ¡Adiós!

Con mucho cariño,
Ana

Foto:

1. _____   3. _____   5. _____

2. _____   4. _____   6. _____

El cumpleaños de Julio

¡Genial!

Hoy fue mi fiesta de cumpleaños.
¡Tengo quince años!

Casi no lo puedo creer.
Fue una fiesta ¡estupenda!
Vinieron veinte de mis compañeros.

¡Felicidades!

También vino mi amigo
Andrés de París.

Jugamos al fútbol un rato
en el jardín. Luego escuchamos
música rock.

Muchos de mis compañeros
bailaron. A mí no me
gusta bailar pero me divertí
mucho viendo
a mis amigos bailar.

¡Qué rico!

Mamá compró diez pizzas y
¡no quedó ni un pedazo!
A todos les gusta la pizza, claro.

15 El cumpleaños
de Julio 15

¿Cuándo?: el 14 de junio
¿Dónde?: Fernando Díaz de Mendoza,
18 28019 Madrid
¿A qué hora?: 18:00 horas
r.s.v.p.: 460-2099

Mis amigos enviaron una
invitación electrónica a
los invitados. Aquí está.

¡Qué
divertido!

¡Recibí muchos regalos!
Fue un día excelente.

Mientras lees

A. Did Julio enjoy his birthday party? What word makes you think so?

B. How many of his friends came to his birthday party?

C. What sport does Andrés play?

D. Does Julio like to dance?

E. How many pizzas did Julio's mother buy? Was there any pizza left at the end of the party?

F. Was the invitation sent in print or electronically?

G. Did Julio receive a lot of presents?

H. Do you think this page is from a photo album, a scrapbook, a diary, or an electronic diary?

Después de leer
Actividades

1 ¿Conoces todas las palabras?

Make a list of the words you know in each of Julio's captions and a list of the words you don't know. Then, based on the photographs, take a stab at guessing the meaning of the words you don't know. Look up the words and see if you guessed correctly.

Words I know	Words I don't know	My Guess	Dictionary

2 Una conversación con Julio

Imagine that you met Julio for the first time at his birthday party. Write the conversation that you might have with him. You can introduce yourself, find out where each of you are from, how old you are, and what you like and don't like. Be as creative as possible!

YO   ¡Hola! ¿Cómo te llamas?

JULIO   Yo me llamo Julio Saavedra Ochoa. ¿Y tú?

YO   _____

JULIO   _____

YO   _____

JULIO   _____

YO   _____

3 ¿Qué tienen ustedes en común?

What do you and Julio have in common? Draw a diagram like the one shown here. Then fill in the circles and write the things you have in common in the intersecting part.

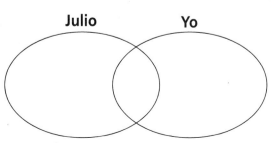

Julio   Yo

Un poco más...

1 ## Tarjetas animadas

Match the categories listed below to each greeting card. Next, write a message for someone you might send that card to. You can use the messages written below, or you can write your own. Finally, pick a song that you would record on that greeting card if you were to send it electronically.

1.

Para:_____
De:_____
Mensaje:_____
Música:_____

2.

Para:_____
De:_____
Mensaje:_____
Música:_____

3.

Para:_____
De:_____
Mensaje:_____
Música:_____

4.

Para:_____
De:_____
Mensaje:_____
Música:_____

Categorías:
a. Cuando olvidas un cumpleaños
b. Te extraño
c. Disculpas
d. ¡Mejórate pronto!

Posibles mensajes:
¡Feliz cumpleaños! ¡Más vale tarde que nunca!
¡Me haces falta! ¿Cuándo nos vemos?
¡Perdóname! Fue mi error.
¡Comida de hospital! ¿Qué mejor razón para mejorarse pronto?

2 Mi tarjeta

Go online and send your own greeting card to a friend or family member. If you can't go online, then draw a traditional card and include a short message written in Spanish.

3 Crucigrama

Complete this crossword puzzle with the Spanish words for the items pictured below.

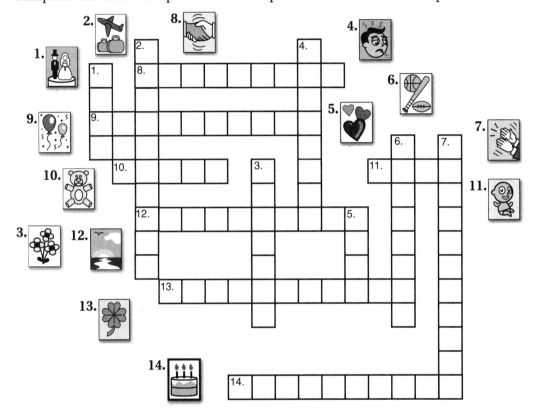

Nota cultural

¿Sabías que...? The popularity of Cybercafes is increasing in Europe and Latin America. Open throughout the day and into the night, these cafes offer a wide variety of services ranging from Internet access and Net games, to video conference facilities, scanners, large screen televisions, and other state-of-the-art technology and training. In a friendly atmosphere, with a cup of coffee and a **bocadillo**[1] in hand, people of all ages get connected to the world.

1 sandwich

Capítulo

2 *Antes de leer*
¡Exprésate!

Estrategia

Analyzing persuasion Persuasive techniques are devices that a writer uses to convince a reader to believe or think a certain way about a subject, idea, event, or person. In persuasive writing, writers use logical appeals (reasons, facts, statistics, and examples) or emotional appeals (words, phrases, and anecdotes that appeal strongly to the reader's feelings, fears, hopes, and beliefs), or a combination of both techniques.

Actividad

Anuncios Ads generally have only one purpose: to persuade the reader to buy the product mentioned. Read the following two ads and then answer the questions below.

¡Ahorra 40%!

TEENS
en español

No te pierdas[1]:

➤ entrevistas exclusivas con las estrellas[2] latinas del momento

➤ fotos fabulosas que no verás en ningún otro sitio

➤ artículos sobre líderes que hacen una diferencia en nuestra comunidad

➤ secciones de arte, moda, entretenimiento[3] y mucho más

**Llama al
1-800-667-8142**

1180 AM
Hecha a su medida
A toda hora, todos los días.

Más noticias...

Más deportes...

Más variedad...

Más entretenimiento...

Cumpliendo siempre con la comunidad

Más compañía. ¡Escúchela[4]!

♪ *¡Conéctate! 1180 AM* ♪

---

1. Can you tell what the first ad is trying to persuade you to do?
   a. to buy a Spanish dictionary
   b. to subscribe to a magazine in Spanish
   c. to learn Spanish

2. Can you guess what the ad is telling you not to miss?
   a. interviews, photos, articles, special sections
   b. adventure, politics, music and family
   c. sports and travel

3. What does the second ad want the reader to do?
   a. watch a television program
   b. become a community leader
   c. listen to a radio station

4. As a persuasive technique, **¡Conéctate! 1180 AM** offers the reader. . .
   a. more news, sports, variety, entertainment
   b. less news, sports, variety, entertainment
   c. enough news, sports, variety, entertainment

---

1 Don't miss   **2** stars   **3** entertainment   **4** Listen to it!

Mientras lees

A. What do you think the first ad is for?
- **a.** a math contest
- **b.** a history contest
- **c.** a poetry contest

B. What does the poem have to be about?
- **a.** musical talent
- **b.** creativity
- **c.** student life

C. What is the prize for the winner?
- **a.** 100 pesetas
- **b.** 100 dollars
- **c.** 100 pesos

D. What does the director of the Christina Acosta Fan Club want you to do?
- **a.** send money
- **b.** buy a Christina poster
- **c.** join the fan club

E. If you join the club, you will be able to…
- **a.** compete for prizes
- **b.** meet Christina
- **c.** get a free Christina CD

¡EXPRÉSATE!

¡CONCURSO[1]! ¡CONCURSO! ¡CONCURSO!

¿Eres poeta?
¿Te gusta escribir?
¡Usa tu talento literario!
Muéstrale[2] al mundo[3] tu creatividad.
¿Qué tienes que hacer?

Sólo tienes que escribir un poema que celebre la vida[4] del estudiante. El ganador[5] o la ganadora del concurso recibirá un premio[6] de 100 dólares y su poema será publicado en esta revista, junto con una foto y una entrevista con el poeta.

Envía tu poema a: poetasjóvenes.com

Fan Club de Christina Acosta

Hola, a todos los chicos y chicas admiradores de esta bella artista, los invito a inscribirse[7] al club de Christina Acosta.

Es totalmente gratuito y al momento de inscribirte, recibirás noticias, fotos, un cartel y un certificado de inscripción. Además podrás competir por premios. ¿Qué esperas para inscribirte?

Muchas gracias por tu atención.
La directora

Sólo escribe a: fanschristina@hotmail.com

52 ¡EXPRÉSATE!

....
1 contest **2** Show **3** world **4** celebrates the life **5** winner **6** prize
7 to join; to enroll

12 **Capítulo 2**

LA PÁGINA DEL MES

¿Eres *fan* de Ricky Martínez? ¿Quieres saber¹ más sobre su vida? En su casa cibernética, los *fans* de Ricky pueden averiguar² más sobre su vida, su carrera, su familia y sus amigos… Aquí también pueden dejar³ sus mensajes y sus notas de admiración.

¡Visita www.rickymartínez.com hoy!

¡Visita www.rickymartínez.com hoy!

El directorio oficial

www.cumpleaños.com
Si no sabes qué regalarle⁴ a tu novio o a tu novia, aquí te dan una idea… desde chocolates hasta rosas, poemas o libros.

www.pizzerías.com
¿Te gusta la pizza? ¿Tienes amigos en casa y no hay nada qué comer? Aquí puedes encontrar las mejores⁵ pizzerías de tu ciudad.

www.compras.com
¿Quieres que tus padres te compren algo especial? Aquí puedes encontrar los mejores precios⁶ para todo tipo de productos: relojes, televisores, scooters, zapatillas de tenis y muchos más. ¡Y no tienes que ir al centro comercial!

¡EXPRÉSATE! 53

Mientras lees

F. What do you think **casa cibernética** means?
- **a.** cyberspace music studio
- **b.** cyberspace home
- **c.** cyberspace link

G. What can you learn more about at www.rickymartínez.com?
- **a.** Ricky's latest music
- **b.** Ricky's life, career, family and friends
- **c.** Ricky's favorite tv shows

H. Can you leave messages for Ricky on his website?
- **a.** yes
- **b.** no
- **c.** sometimes

I. Where can you get ideas for gifts?
- **a.** www.compras.com
- **b.** www.pizzerías.com
- **c.** www.cumpleaños.com

J. Where can you buy all kinds of products at the best price?
- **a.** www.compras.com
- **b.** www.pizzerías.com
- **c.** www.cumpleaños.com

1 to know **2** find out **3** to leave **4** to give as a gift **5** best **6** prices

Después de leer
Actividades

1 ¿Qué harías tú?

Answer the following questions based on the ads on the previous two pages.

1. You have a friend who loves to write. Which ad would you cut out for him?

2. You need to buy a special gift for your boyfriend or girlfriend, but you don't have any good ideas. Which website would you visit?

3. A friend of yours is going to throw a pizza party, but hasn't decided which pizza place has the best pizza and will give him the best deal. Which website should he visit?

4. Your neighbor is crazy about Christina Acosta. What e-mail address should you give him to write to?

5. You're in the market for a new Walkman®. You want your parents to buy it for you for your birthday. Which website would you send them to?

2 Los cuatro anuncios

Look at the four ads carefully. Make a chart like the one below. Then list at least two words from each ad that you think make a logical appeal and two words that make an emotional appeal.

	Logical appeal	Emotional appeal
Ad #1: Concurso		
Ad #2: Fan Club		
Ad #3: La página del mes		
Ad #4: El directorio oficial		

3 Tu propio anuncio

Now you're going to write your own ad! First decide what your company sells and what your company's name is. Then decide whether you are going to use logical or emotional appeals, or both. Using some of the words below, persuade your reader to buy your product. Illustrate your ad if you think it will add to its appeal. You can make your own drawings or cut out photographs from magazines.

¡Compra! *Buy!*	**descuento** *discount*	¿Quieres...? *Do you want...?*
¡Ahorra! *Save!*	**gran venta** *great sale*	¿Necesitas...? *Do you need...?*

Antes de leer
El poema ganador

Concurso de poesía You are going to read the poem that won the poetry contest that was advertised in the magazine *¡Exprésate!* But before you can fully understand the poem, you need to do some vocabulary building. Use your prior knowledge to guess the correct meanings of the words, but don't worry if you guess wrong! Just give it your best shot.

Actividades

 Adivina

Words in Spanish that end in **-dad** or **-tad** usually end in *-ty* in English. Can you guess what the following words mean?

1. libertad
2. inflexibilidad
3. enormidad
4. infinidad
5. posibilidad

a. enormity
b. possibility
c. liberty
d. inflexibility
e. infinity

 ¿Qué significa?

The following words are infinitives. Try to guess what they mean given the information you are provided.

1. If **goma de borrar** means *eraser,* **borrar** must mean. . .
   a. to chew gum   b. to bore   c. to erase
2. If **cifra** means *cipher* or *code,* then **descifrar** must mean. . .
   a. to siphon   b. to decipher or decode   c. to describe
3. If **nota** can mean *note,* then it's likely that **anotar** means. . .
   a. to make a note of   b. to notify   c. to notice
4. If **vuelo** means *flight,* then it's possible that **volar** means. . .
   a. to pilot   b. to fly   c. to float

 ¿Qué será, será...?

The future tense in Spanish adds **-á** *(he/she/it)* or **-ás** *(you)* to the infinitive to say that something will happen in the future. Can you guess what the following words mean?

1. **saber** = *to know*
   sabrá = _____
2. **conocer** = *to know*
   conocerás = _____
3. **cambiar** = *to change*
   cambiarás = _____

 Investiga

Do you know what **oda** means? Look it up and come up with a description for it in English.

El poema ganador

Éste es el poema que ganó el concurso de poesía.

Oda al diccionario
por Dulce Durán

A. What is the pencil trying to persuade the pen to believe?

 a. that the pencil is superior because it can erase its mistakes

 b. that the pencil is superior because the pen is dumb

El lápiz le dijo[1] a la pluma:

«*Tú, errores no puedes hacer*
o todo el mundo lo sabrá.
Yo tengo la libertad de borrar
todo lo que salga mal[2]».

B. What is the pen trying to persuade the calculator to believe?

 a. that the pen is superior because the calculator only knows numbers

 b. that the pen is superior because the calculator is flexible

La pluma le dijo a la calculadora:

«*Tú nunca[3] conocerás la magia*
 de las palabras[4],
sus modos[5] expresivos.
Sólo[6] conoces la inflexibilidad de
 los números,
sus modos rígidos».

C. What is the calculator trying to persuade the notebook to believe?

 a. that the calculator is superior because it doesn't need blank pages

 b. that the calculator is superior because it understands infinity

La calculadora le dijo al cuaderno:

«*Tú, con tus hojas blancas,*
nunca conocerás la enormidad
 del universo.
Yo, a través de[7] los números,
puedo conocer la infinidad».

---

1 said to **2** all that comes out wrong **3** never **4** words **5** ways **6** only
7 through

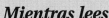

El cuaderno le dijo al diccionario:

«Tú no tienes la posibilidad de ser lleno[1]
de ideas, de poesía, de arte.
Tú eres lo que eres y nunca cambiarás:
una lista vasta, de palabras desconectadas».

El sabio[2], diccionario le dijo al estudiante:

«Tú, con lápiz o pluma
puedes inventar mundos;
con calculadora,
puedes descifrar;
con cuaderno,
puedes anotar;
con diccionario,
puedes volar».

Mientras lees

D. What is the notebook trying to persuade the dictionary to believe?

  a. that the dictionary is inferior because it is only a list of disconnected words

  b. that the dictionary is inferior because it will never change

  c. both a and b

E. What is the dictionary trying to persuade the student to believe?

  a. that he/she has no boundaries and can achieve whatever he/she wants to achieve

  b. that he/she is inferior because he/she doesn't know the meanings of all the words in the dictionary

1 be filled   **2** wise, sage

Después de leer
Actividades

1 **¿Qué dicen los objetos?**

For the following objects, think what one might try to persuade the other to do or believe. Come up with other objects if you like.

MODELO La ropa le dijo al armario:
Yo puedo ir a muchos lugares pero tú no. Tú siempre estás en casa.

1. El reloj le dijo a la lámpara: _____

2. El televisor le dijo al radio: _____

3. La mesa le dijo al escritorio: _____

4. La puerta le dijo a la ventana: _____

5. … le dijo a … _____

2 **¿Qué piensas tú?**

Go back to the poem and read each stanza, and the summary of the argument made by each school object in the *Mientras lees* section. Then decide whether you think the argument is effective or not and to what degree by circling **Strongly Agree (SA), Agree (A), Disagree (D)** or **Strongly Disagree(SD).** Next decide whether the persuasive technique used by each of the school objects was **logical, emotional** or a **combination** of both. Lastly give at least two words or phrases to support your choice of appeal.

Summary of argument	Argument is very effective	Type of appeal	Words or phrases
First stanza_____ _____	SA A D SD		
Second stanza_____ _____	SA A D SD		
Third stanza_____ _____	SA A D SD		
Fourth stanza_____ _____	SA A D SD		
Fifth stanza_____ _____	SA A D SD		

Un poco más...

1 ***Odas elementales***

Pablo Neruda, the Chilean poet of world renown, wrote a book of poetry entitled ***Odas elementales.*** In it he writes odes to many objects of daily life, as well as to more high-level concepts. The following are some titles of his **odas.** Can you figure out what the titles mean, and then separate the odes to simple, more concrete objects from the odes to the more abstract concepts? Use a dictionary if you need to.

Títulos de algunas de las odas	Significado de los títulos	
	Odas a cosas concretas	Odas a conceptos abstractos
Oda al aire		
Oda a la alcachofa		
Oda a la alegría		
Oda al amor		
Oda a la cebolla		
Oda al edificio		
Oda a la esperanza		
Oda a la flor		
Oda al hilo		
Oda a la intranquilidad		
Oda al invierno		
Oda al libro		
Oda a la lluvia		
Oda a la noche		
Oda a los números		
Oda al pan		
Oda al pasado		
Oda a la pobreza		
Oda a la poesía		
Oda a un reloj en la noche		
Oda a la soledad		
Oda al tomate		
Oda al traje		
Oda a la tristeza		
Oda a la vida		

2 Oda original

The following are the first eleven lines of Neruda's **Oda al libro (II).** Notice how simple each line is. Can you write an ode to one of your school objects? Try! You'll be surprised how creative you can be with your Spanish at this point.

Libro
hermoso,
libro,
mínimo bosque,
hoja
tras hoja,
huele
tu papel
a elemento,
eres
matutino y nocturno,

Nota cultural

¿Sabías que...? Pablo Neruda was born on July 12, 1904 in the town of Parral, Chile. His real name was Neftalí Ricardo Reyes Basoalto. He began contributing articles and poetry to the daily **La Mañana** at the young age of thirteen. He adopted the pseudonym Pablo Neruda in memory of the Czechoslovak poet Jan Neruda, and by 1921, at the age of seventeen, he had already published some of his poems. His second book of poems, **Veinte poemas de amor y una canción desesperada,** published in 1924, brought him worldwide recognition. Neruda is known for the originality, simplicity and beauty of his poetry. He is considered one of the most important poets of the twentieth century. In 1971, he received the Nobel Prize for Literature. Two years later, in 1973, he died at his home on **Isla Negra.**

Capítulo

3

Antes de leer
La vida de Eva

Estrategia

Determining the writer's purpose Skilled readers recognize the way a writer can influence their thinking. One way readers do this is by determining the writer's purpose. The writer's purpose may be to explain or inform, to create a mood or stir an emotion, to tell a story or narrate a series of events, or to persuade the reader to believe something or to do something. Determining the writer's purpose helps readers to approach, respond to, appreciate, and evaluate a text more appropriately.

Actividad

¿Por qué? What do you think the writer's purpose might be in each of the following examples of writing? Select a purpose from the second column for each piece of writing in the first column. In some cases, the writer may have more than one purpose.

1. a letter to the editor
2. an ad to sell a car
3. a birthday card
4. a newspaper editorial
5. an essay
6. a short story
7. a political speech
8. a cartoon
9. a letter to a friend
10. a screenplay

a. to explain or to inform

b. to create a mood or stir an emotion

c. to tell a story or narrate a series of events

d. to persuade the reader to believe something or do something

CALVIN AND HOBBES © Watterson. Dist. by Universal Press Syndicate.
Reprinted with permission. All rights reserved.

La vida de Eva

Eva es una chica muy imaginativa y artística. Le gusta mucho dibujar[1]. Ella acaba de empezar sus estudios en un nuevo colegio. Compara su vida verdadera[2] con las tiras cómicas[3] que ella dibuja de su día en el colegio.

A. Since Eva is the writer of these cartoons, what do you think her purpose is?
   a. to make herself feel better (to stir an emotion)
   b. to tell a story
   c. to persuade the reader to believe something
   d. to explain or inform

B. Who do you think is Eva's audience for her cartoons?
   a. herself
   b. a family member
   c. a friend

1 to draw   **2** real life   **3** cartoon strips   **4** Hurry up!   **5** I arrive

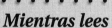

C. Do you think her audience changes the purpose of her cartoons? Why do you think that?

D. Do you notice a pattern in the difference between Eva's real life and the way she depicts it in her cartoons? What is it?

1 answers   **2** grade

Mientras lees

E. Is Eva trying to influence the reader with her cartoons? What is she trying to influence the reader to think?

F. If you only saw Eva's cartoons, and not her real life, would she, as the writer, have accomplished her goal? Why do you think so or why do you think not?

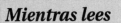

G. Does knowing Eva's purpose help you as a reader to appreciate, evaluate, or respond to her cartoons?

H. What do you think of Eva as a person? As a writer of cartoons?

1 How clumsy!   **2** player

Eva le escribe una carta a su abuela[1]. ¿Qué le cuenta[2]? ¿Qué *no* le cuenta?

A. What do you think Eva's purpose is in writing to her grandmother?
- **a.** to explain or inform
- **b.** to create a mood or stir an emotion
- **c.** to tell a story or narrate a series of events
- **d.** to persuade her to believe or do something

B. Do you think Eva is trying to. . .
- **a.** elicit sympathy from her grandmother
- **b.** paint a pretty picture of her new life for her grandmother
- **c.** be optimistic about her new school so her grandmother won't worry about her
- **d.** persuade her grandmother that she's doing okay in her new school

C. Do you think Eva accomplishes her goal as a writer in this letter?

D. What will Eva's grandmother think when she compares the letter to the cartoons?

Querida abuela,

¿Cómo está? Muchas gracias por el dinero que me envió para mi cumpleaños. En su última carta, usted me pregunta cómo estoy yo. Pues todo va más o menos bien aquí en el colegio. Me gustan mis clases, pero las matemáticas y la educación física no son mis favoritas.

¿Y mis notas? Pues, más o menos bien también. Creo que estoy pasando todas mis clases pero no estoy segura[3]. Las clases no son muy difíciles (¡excepto las matemáticas!). Los profesores son muy buenos conmigo y no son muy estrictos. ¡Gracias a Dios!

Mis compañeros de clase son simpáticos. Es difícil hacer amigos nuevos pero creo que pronto voy a tener muchos amigos. Y también quiero jugar[4] en el equipo[5] de voleibol. Pero primero tengo que aprender ¡a jugar!

A Tigre le gusta mucho nuestra nueva comunidad. Él me acompaña al colegio todos los días.

Aquí le envío[6] unas tiras cómicas que dibujé de un día en mi nuevo colegio. ¡Ojalá[7] que pronto mi vida sea[8] como la represento en mis tiras cómicas!
Con mucho cariño,

Eva

---

1 grandmother **2** What does she tell her? **3** sure, certain **4** to play **5** team
6 I send **7** hopefully **8** will be

Eva le escribe una carta a su mejor amiga. ¿Qué le cuenta? ¿Qué no le cuenta?

Querida Graciela,

¡Dios mío! ¡Este colegio es horrible! ¡Las clases son muy difíciles y los profesores son muy estrictos! No sé qué voy a hacer. Saqué[1] muy malas notas en matemáticas y en educación física. Por supuesto[2] mamá está muy enojada[3] conmigo.

Te cuento que no tengo muchos amigos. Mis nuevos compañeros de clase son antipáticos y siempre almuerzo[4] sola[5] o con mi perrito Tigre. Es difícil empezar[6] en un colegio nuevo, ¿verdad?

¡Soy horrible para el voleibol! Las chicas dicen que soy muy torpe y se burlan[7] de mí. Por lo menos[8] puedo dibujar. Aquí te envío unas tiras cómicas que dibujé de un día ficticio en mi nuevo colegio.

¡Te extraño! ¡Escribe!

Con mucho cariño,
Eva

E. What do you think Eva's purpose is in writing to her best friend?
  a. to explain or inform
  b. to create a mood or stir an emotion
  c. to tell a story or narrate a series of events
  d. to persuade her to believe or do something

F. Do you think Eva is trying to. . .
  a. elicit sympathy from her best friend
  b. paint a sad picture of her new life for her best friend
  c. be realistic about her new school so that her friend won't worry about her
  d. persuade her friend that she's missing her old school and her old friend terribly

G. Do you think Eva accomplishes her goal as a writer in this letter?

H. What will Eva's best friend think when she compares the letter to the cartoons?

1 I got   **2** of course   **3** angry   **4** I eat lunch   **5** alone   **6** to start   **7** they make fun
8 at least

Después de leer
Actividades

1 ¿Realidad o fantasía?

Read each of the following pairs of statements. Decide which statement reflects reality (**R**) and which statement reflects her cartoon (**C**) version of reality.

1. **a.** Eva always gets to school on time.
   b. Eva is always late for school.

2. **a.** Eva's English teacher is proud of her because she's always so punctual.
   b. Eva's English teacher is upset with her for always arriving late.

3. **a.** Eva finds her math exam extremely difficult.
   b. Eva finds her math exam extremely easy.

4. **a.** Eva's math teacher insists that she study more.
   b. Eva's math teacher thinks she is extremely intelligent.

5. **a.** Eva eats lunch alone.
   b. Eva eats lunch surrounded by friends.

6. **a.** Eva's dog Tigre is offered pizza by Eva.
   b. Eva's dog Tigre steals her lunch from the ground.

7. **a.** Eva likes volleyball.
   b. Eva hates volleyball.

8. **a.** Eva excels at volleyball.
   b. Eva is terrible at volleyball.

2 ¿Qué piensa Eva?

How does Eva really feel about the following people and things at her school? Write a complete sentence describing her feelings. You can use the descriptions in parentheses or you can come up with your own descriptions.

1. las matemáticas (¿le gustan o no le gustan?)

2. la educación física (¿le gusta o no le gusta?)

3. el voleibol (¿le gusta o no le gusta?)

4. la profesora de inglés (¿estricta o buena?)

5. el profesor de matemáticas (¿divertido o difícil?)

6. los compañeros de clase (¿antipáticos o simpáticos?)

7. las chicas en la clase de educación física (¿cómicas o antipáticas?)

8. el colegio (¿aburrido o divertido?)

3 ¿Cómo es Eva?

Write a description of Eva. Describe her physical characteristics and her personality traits. Say what she likes and what she doesn't like. Would you like to be her friend? Why or why not?

4 Las dos cartas

Compare the letter that Eva wrote to her grandmother with the letter that she wrote to her best friend. What does she tell each of them about the following things? In each case, can you identify her purpose as a writer?

1. las clases
2. los profesores
3. sus notas
4. sus compañeros de clase
5. el voleibol
6. sus tiras cómicas

5 Expresión personal

Write a separate note to two friends or relatives and tell them about your life at school: your teachers, classes, grades, friends etc. Keep in mind your audience and your purpose as a writer. Are you trying to. . .?

a. explain or inform
b. create a mood or stir an emotion
c. tell a story or narrate a series of events or
d. persuade the reader to believe or do something

Un poco más...

1 ### Una carta o una tira cómica

The following are some situations that you are going to depict in a cartoon or in a letter. (If you prefer, you can make up your own situation, or use a real one from your life.)

> Your best friend has a sports injury and has already missed school for a month. Update him or her on what's been going on at school.

> You and a friend have been mad at each other for a few weeks. You would like to find a way to patch it up.

> Your brother went away to college for his first year. You want to tell him about what's been going on around the house without him.

> Your mother is visiting her parents for a month. She wants to know how things have been going with you at school.

1. First decide whether you'd like to do a cartoon or write a letter. You can use cutouts from magazines if you do not like to draw.

2. Decide who your audience is.

3. Decide what your purpose as a writer is:
   ➤ to explain or inform
   ➤ to create a mood or stir an emotion
   ➤ to tell a story or narrate a series of events
   ➤ to persuade the reader to believe or do something

4. Write your letter or plan out your cartoon. Make sure and write appropriate speech bubbles for each of your drawings.

- **Capítulo**

4 *Antes de leer*
El Canario

Estrategia

Making Predictions As readers, we make predictions about what we think will happen next in a text. Our predictions are guesses we make based on ideas and details that the writer might or might not reveal directly. Our general knowledge, our specific knowledge about a certain topic, our background experience, and what is stated or implied in a text all help us to make predictions. As we read, we may adjust our predictions to fit new events and information.

Actividad

Titulares Headlines in a newspaper always provide a clue about what will be in the article that follows. Based on the following headlines in a student newspaper, can you predict what the corresponding articles might be about?

1. **Tenista gana primer lugar en torneo**

2. **Elecciones para Consejo Estudiantil este viernes**

3. **Nuevo programa de reciclaje a petición del club de Ecología**

4. **Festival caribeño: gran evento de la semana**

5. **Cruz Roja necesita voluntarios**

6. **Jaguares 3, Águilas 2**

7. **Banda gana competencia regional**

8. **Club de francés viaja a París**

a. a Caribbean festival

b. a band competition

c. student council elections

d. a French Club trip

e. a tennis competition

f. volunteers needed for the Red Cross

g. new recycling program

h. a soccer match

A. What do you predict the article titled **Actividad estudiantil más popular: los videojuegos** is going to be about?

B. Based on the survey questions, what do you predict the rest of the article is going to tell you?

C. Using your prior knowledge about newspapers, what do you think **véase página 5** means?

D. What do you predict the article titled **Nuevo programa de reciclaje a petición del Club de Ecología** is going to be about?

E. Based on the first sentence of that article, what do you predict the rest of the article is going to tell you?

El Canario

gratuito

VOL. XLIX, No.4   15 de marzo, 2003   página 1

Actividad estudiantil más popular: los videojuegos

En una encuesta[1] administrada por el Consejo Estudiantil, los estudiantes de nuestro colegio han revelado su actividad favorita: los videojuegos. A continuación, las dos preguntas hechas a 200 estudiantes durante el almuerzo este viernes pasado.

1. ¿Cuál es tu actividad favorita?
   a. montar en bicicleta
   b. jugar un deporte
   c. pasar el rato con amigos
   d. escuchar música
   e. mirar la televisión
   f. jugar videojuegos

2. ¿Cuánto tiempo por semana participas en esa actividad?
   a. 1-3 horas por semana
   b. 3-5 horas por semana
   c. 5-8 horas por semana
   d. 8-12 horas por semana
   e. otra duración _____

(véase página 5)

Nuevo programa de reciclaje a petición del Club de Ecología

Según el Club de Ecología, es hora de empezar el reciclaje en nuestro colegio. El presidente del club, Alejandro Ferrero, explica: «Hay mucha basura que se puede reciclar: las botellas de refrescos que son de plástico o de vidrio[2], las latas[3] de refrescos que son de aluminio, las bolsas[4] de papel, las revistas y los periódicos. En vez de[5] echarlos a la basura, los estudiantes pueden echarlos en un barril marcado exclusivamente para el material indicado. No nos cuesta nada ser ciudadanos[6] responsables del mundo».

(véase página 6)

1 survey   **2** glass   **3** cans   **4** bags   **5** instead of   **6** citizens

Equipo de fútbol triunfa de nuevo

Los Jaguares siguen su racha de triunfos[1] en el quinto partido de la temporada[2]. El 31 de marzo triunfan sobre las Águilas del Colegio del Valle en un partido emocionante[3].

(véase página 6)

Querida Ana

Querida Ana:

Tengo un problema muy gordo. Voy a dar una fiesta en mi casa el próximo fin de semana pero mis dos mejores amigas no se están hablando[4] en este momento. Una de ellas insultó al novio de la otra, las dos se enojaron[5] mucho y ahora niguna se quiere disculpar[6]. Quiero invitarlas a las dos, pero temo que[7] se vayan a pelear[8] de nuevo y arruinen mi fiesta. ¿Qué hago?

Preocupada

(véase página 6)

---

1 winning streak   **2** season   **3** exciting   **4** are not talking to each other   **5** got angry   **6** to apologize   **7** I'm afraid that   **8** to fight

Mientras lees

F. Which word or words makes the reader likely to predict that the soccer team won?

G. What does the format of the **Querida Ana** column lead you to predict?

H. What do you predict will be in the content of Ana's response on page 6?

Capítulo 4   **33**

I. Was your prediction about the rest of the article correct? Why or why not?

J. Did the article tell you everything you expected?

K. Were you surprised by any of the information in the continuation of the article? If so, what?

Viene de la página 1

Videojuegos

Las dos actividades que siguen a los videojuegos en popularidad entre los estudiantes del Colegio Miramar no sorprendieron[1] a los encuestadores[2]. Lo que sí los sorprendió fue la cantidad[3] de tiempo dedicada a esas actividades. Los resultados indican que después de los videojuegos, Internet y el fútbol son las actividades preferidas por los estudiantes del Colegio Miramar. Aquí están los resultados:

Actividades Favoritas

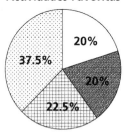

20%
37.5%
20%
22.5%

Tiempo promedio dedicado a estas actividades por semana

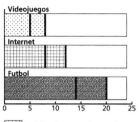

Videojuegos
Internet
Futbol
0 5 10 15 20 25

☐ Otros
■ Jugar al fútbol
▦ Internet
░ Videojuegos

░ Videojuegos (5 a 8 horas por semana)
▦ Internet (8 a 12 horas por semana)
▓ Fútbol (14 a 20 horas por semana)

Es interesante notar que aunque[4] el fútbol salió tercero detrás de los videojuegos e Internet, los estudiantes que lo practican dedican mucho más tiempo a su deporte que los videojugadores y los usuarios de Internet al suyo[5]. ¡Imagínate! En un año, el o la futbolista pasa por lo menos 728 horas en el campo manipulando esa pelotita[6] blanca y negra. Es la opinión de los encuestadores que el fútbol es más saludable[7] que los videojuegos o Internet. ¡Adelante, futbolistas!

1 did not surprise   **2** pollsters   **3** amount   **4** even though   **5** theirs   **6** ball
7 healthy

Viene de la página 2

Juan «Relámpago» Ruiz, el jugador que logró la victoria para los Jaguares.

Fútbol

Solo queda un minuto en el segundo tiempo[1] cuando Juan «Relámpago» Ruiz hace el gol que gana el partido, 3 a 2. Después del partido, Juan confía en el reportero de *El Canario,* «No sé qué pasó. Mi pie y la pelota hicieron contacto al momento preciso. Fue pura suerte». Felicidades, Jaguares, y por supuesto, Relámpago.

Viene de la página 1

Reciclaje

Con ese fin, el Club de Ecología ha colocado varios barriles[2] por todo el colegio. Ahora es posible reciclar casi toda tu basura. Después de tomar ese refresco, busca el barril para el plástico en vez del basurero[3]. Y si quieres hacer más, puedes trabajar como voluntario para el club. El club necesita voluntarios para recoger y llevar los barriles al centro de reciclaje una vez por semana. ¡Anímate[4]!

Viene de la página 2

Querida Ana

Querida Preocupada:
Veo que tus amigas te han puesto en una situación difícil. Mi sugerencia[5] es ésta: invítalas a las dos, pero dile a cada una que la otra amiga también va a venir. Pídeles que si deciden venir a la fiesta, que por favor actúen de una manera cordial. Si son buenas amigas, no arruinarán[6] tu fiesta. Tranquila.

---

1 second half **2** barrels **3** trash-can **4** get started! **5** suggestion **6** will not ruin

---

Mientras lees

L. Which word or words makes the reader believe it was a close match?

M. Did the description of the soccer game live up to its opening paragraph? Why do you think so or think not?

N. Was your prediction about the rest of the article on recycling correct? Why or why not?

O. Was there anything in the continuation of the recycling article that you did not predict? If so, what?

P. Did you correctly predict Ana's response to **Preocupada**?

Después de leer
Actividades

Artículos

Read the following statements. Decide in which article of *El Canario* they would most likely belong.

1. Relámpago empezó a jugar al fútbol a los siete años con su papá y hermanos.

2. El gran festival caribeño tendrá lugar este sábado, el siete de abril, en el gimnasio del colegio.

3. El último 20% de los entrevistados, o sea, cuarenta estudiantes, se divide entre los ciclistas, los televidentes y los aficionados a la música.

4. Si tus amigas no te aseguran que se van a portar de una manera cordial, no las invites a tu fiesta.

5. «El reciclaje es una medida que nosotros como humanos podemos tomar para conservar nuestro planeta».

Titulares de *El Canario*

a. **Actividad estudiantil más popular: los videojuegos**

b. **Nuevo programa de reciclaje a petición del Club de Ecología**

c. **Equipo de fútbol triunfa de nuevo**

d. **Querida Ana**

e. **Festival caribeño: gran evento de la semana**

Pie de foto

Captions of photographs that accompany articles often give us a clue to the content of the article. Predict what the articles that accompany the following photo captions might be about.

1. Equipo de básquetbol sale victorioso del gimnasio

2. Famosa pianista practica para gran concierto en el Teatro la Reforma

3. Empleados del supermercado El Gigante se preparan para el huracán

4. Nueva película de Angelina Jolie causa sensación en Los Ángeles

5. Nuevo restaurante de comida china-cubana abre las puertas al público

6. Tráfico causa estrés y frustración en Austin, Texas

3 ▸ Titulares

Write five headlines for your school newspaper. You can write about real events in your school or you can make them up. Make sure the headlines are brief but provide enough information so that the reader can predict what the articles will be about.

4 ▸ Introducción

The first sentence in any article is extremely important. It must provide a clear idea of what the article will be about, but it must also entice the reader to continue reading. Study the opening lines of the articles in **El Canario.** Do you think they succeed as lead lines? Now, try your hand at writing lead lines. Write one for each of the headlines you created in Activity 3.

5 ▸ Encuesta

Do a survey of 20-50 students in your school using the questions in the article in *El Canario* about favorite leisure-time activities. You can change the questions or add questions to the survey, if you like. Tally the results.

6 ▸ Resultados

Create a chart or a graph to explain the results from your survey in Activity 5. Be sure to write an interesting headline and an intriguing lead sentence that will help readers understand what your survey was about. Were your results predictable or surprising?

Un poco más...

1 ## Planea tu propio periódico

el periódico *(newspaper)*

precio *(price)* — cabecera *(masthead)*

EL DIARIO

fecha *(date)*

50 centavos · Domingo 12 de diciembre de 2003

titular *(headline)*

autor *(byline)*

¿Qué pasó?
por Ignacio Martínez

España es quizá el país que más cambios ha experimentado en su estilo de vida en los últimos veinte años. Todo empezó en 1975 con la muerte del general Francisco Franco, un dictador que se mantuvo en el poder durante casi cuarenta años, después de la guerra civil española de 1936 a 1939. "El caudillo", como solían llamar a Franco, nombró como su sucesor en el poder al rey Juan Carlos I, el joven nieto del último rey Alfonso Borbón XIII—depuesto en 1931. En vez de establecer una monarquía absolutista, como muchos pensaba, Juan /Carlos I sorprendió al mundo al promover la transición de España a un país democrático. El rey estableció

las bases democráticas de la España contemporánea e incluso cuando una fracción del ejército intentó un golpe de estado en 1981, Juan Carlos hizo una heroica defensa del joven sistema democrático y derrotó a los militares.

Actualmente España es una monarquía constitucional. El rey es el jefe de estado y al frente del gobierno está el primer ministro. El rey no puede intervenir directamente en el funcionamiento del gobierno. El primer ministro y los secretarios que integran su gabinete se ocupan de las funciones gubernamentales. La función legislativa está a cargo de un parlamento bicameral que en España es conocido como Cortes Generales. Juan Carlos I es un asesor en materia de políticas de gobierno. Su corona representa la unidad nacional española. En vez de establecer una monarquía absolutista Juan Carlos I sorprendió al mundo al promover la transición de España a un país democrático.

editorial *(editorial)*

El Terremoto

Imagina que estás visitando Kobe, Japón. La fecha es el 17 de enero de 1995. Es muy temprano en la mañana, exactamente las 5.46 A.M. y te encuentras en un taxi en la autopista elevada Hanshin, construida sobre una larga fila de grandes columnas de apoyo. De repente, sientes que el taxi tiembla. El conductor reduce la velocidad. Observas cómo un camión les adelanta. Al parecer está fuera de control. De repente... el camión desaparece. El taxi se detiene. Miras por la ventana para ver qué está sucediendo. La autopista se retuerce como una serpiente gigante. El temblor dura menos de un minuto. Al parecer, el lado de la carretera sobre el que te encuentras está intacto, pero casi media milla de autopista se ha derrumbado ante tus ojos. Es como si algo hubiera sacudido la tierra debajo de la autopista y hubiera quebrado las columnas de apoyo como si fueran las ramas de un árbol. Ya sabes por qué desapareció el camión y te sientes muy afortunado de que el taxi se detuviera a tiempo. El evento que acabas de imaginar fue el gran terremoto de Hanshin. Causó 5.500 muertes y dejó a 300.000 personas sin hogar. Al menos 200.000 edificios quedaron destruidos.

En menos de un minuto, causó terribles desastres. Las pipas de gas natural destruidas provocaron grandes incendios. Las cañerías que suministraban el agua para apagar los incendios se rompieron y los incendios continuaron durante días. ~

titular *(headline)*

contenido *(content)*

foto *(photo)*

pie de fotografía *(caption)*

De repente... el camión desaparece. El taxi se detiene. La autopista se retuerce como una serpiente gigante.

Puerto Rico y sus bellas playas

referencia *(reference)*

(véase pág. 23)

Querido editor

Primero que todo quisiera felicitarlos por su artículo del 16 de marzo del presente año sobre la importancia de hacer de los jóvenes, conductores responsables. Estoy completamente de acuerdo con todas las sugerencias, incluidas en el artículo y quisiera enfatizar que uno de los problemas más graves no resulta de la falta de juicio del joven, o las decisiones equivocadas que pueda tomar dada la presión de los amigos. Sino sobretodo, de la experiencia que le falta al joven, por su temprana edad. Estoy segura de

Que muchos accidentes son el resultado, no del hecho de que el muchacho venga tomando, o manejando con irresponsabilidad, sino del hecho que de repente se encuentra en una situación en que por su inexperiencia, no alcanza a reaccionar a tiempo. Un segundo de retardo en sus reflejos y he ahí el desastre. Por esto quisiera enfatizar que todos como padres, debemos en lo posible proporcionar situaciones para que cuando nuestros hijos se hallen al volante, aprendan a reaccionar a tiempo a situaciones inesperadas. Un segundo de retardo en sus reflejos y he ahí el desastre

carta al editor *(letter to editor)*

Pronóstico del clima de Estados Unidos y México

Secciones *(Sections)*

Noticias nacionales . . . . . pág. 2 · Negocios y Finanzas . . . . pág. 9
(National news) · *(Business and Finance)*

Noticias internacionales . . . pág. 5 · Deportes *(Sports)* . . . . pág. 15
(International news)

Política *(Politics)* . . . . . . pág. 7 · Espectáculos *(Entertainment)* . . . pág. 18

| 40 |
| 50 |
| 60 |
| 70 |
| 80 |

leyenda *(legend on a weather map)*

primera plana *(front page)*

In groups of three or four, plan out two pages of a student newspaper. First, decide who the editor is. Then agree upon assignments: who will write an article (you may want to use the information from the activities on the previous page), who will bring in a photograph to accompany the article and write a caption for it, who will design the masthead, etc. Decide on a name for the paper. If you have access to a computer, type and print out your articles in column format and paste-up the newspaper as you envision the layout.

Capítulo

5

Antes de leer

De vacaciones en Miami, Florida

Estrategia

Distinguishing fact from opinion Distinguishing between statements of fact and statements of opinion helps readers judge the validity of a writer's viewpoint and understand a writer's motivation. As readers, we must learn to understand the writer's perspective: the viewpoint from which the writer presents his or her material. Part of this task involves recognizing the difference between a statement of fact and a statement of opinion, because writers sometimes state an opinion as fact.

Actividad

¿Opinión o hecho? The following statements are from a tourist brochure about Mexico. Decide whether they are facts (**F**) or opinions (**O**).

1. La capital de México es la Ciudad de México.

2. La Ciudad de México es una de las ciudades más importantes del mundo.

3. México, país de Norteamérica, se extiende de este a oeste entre el golfo de México y el océano Pacífico, y de norte a sur entre Estados Unidos y Guatemala.

4. Según el censo de 1992, la Ciudad de México tiene 9.815.795 habitantes.

5. Los sitios arqueológicos de México son impresionantes.

6. Las playas de México son espectaculares.

7. El petróleo crudo es uno de los principales productos de exportación de México.

8. Además de la hospitalidad y cortesía de su gente, México ofrece al turista más arte, folklore y sitios arqueológicos que cualquier otro país del Nuevo Mundo.

De vacaciones en Miami, Florida

Para su clase de español, cuatro estudiantes escriben una composición sobre sus vacaciones en Miami

A. How many facts about Miami can you find in Juan's essay? What are they?

B. Point out at least two opinions about Miami in Juan's essay.

Las playas de Miami

por Juan Villanueva

¡Qué vacaciones más fantásticas! Miami es una ciudad de sol, de playas, ¡de diversión! Desde Miami Beach a Haulover Beach Park existe una playa arenosa[1] de 300 pies de ancho[2] y 10 millas de longitud. Esta playa es artificial — creada completamente por el hombre. Interesante, ¿no?

Por la mañana, mis hermanos y yo nos levantamos temprano y nos vamos a la playa. Nadamos un rato, tomamos el sol y nos hacemos amigos con las chicas que juegan voleibol en la playa.

Regresamos al hotel para almorzar con nuestros padres... y después, ¡otra vez a la playa! A veces alquilamos[3] unos motoesquís o vamos windsurfing. ¡El verano en Miami es espectacular! Hay muchas cosas que hacer. Las vacaciones de dos semanas no son suficientes para disfrutar[4] de todo lo que ofrece Miami al visitante.

En Miami siempre hace buen tiempo durante el verano. La temperatura está perfecta para las actividades al aire libre. La gente es muy simpática y siempre tiene tiempo para contestar preguntas o ayudarte con información.

El ritmo de vida en las playas de Miami es muy lento. Supongo[5] que en el centro[6], donde están las oficinas y compañías multinacionales, el ritmo es más rápido. Pero no sé, porque yo pasé todos los días de las vacaciones, ¿en dónde más?, ¡¡¡en la playa!!!

1 sandy **2** wide **3** we rent **4** to enjoy **5** I suppose **6** downtown

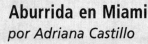

Aburrida en Miami
por Adriana Castillo

Lluvia, lluvia y más lluvia. Miami es una ciudad de lluvia. Es el diez de agosto. No podemos ir a la playa porque está lloviendo. No podemos ir al parque a correr o a jugar porque está lloviendo. No podemos ir al zoológico. ¿Por qué? ¡Porque está lloviendo a cántaros![1]

Viene un huracán. Por eso hay tanta lluvia. Las vacaciones en Miami no son lo que me imaginaba: voleibol en la playa, natación, windsurfing, buceo, esquí acuático, ciclismo, actividades al aire libre todos los días.

En vez de pasar los días al sol, mi familia y yo pasamos los días dentro del hotel. Miramos la televisión, escuchamos música, jugamos cartas, leemos, escribimos postales, llamamos por teléfono a nuestros amigos y familiares, jugamos al escondite[2] en los pasillos, hacemos ejercicio en el gimnasio y nadamos en la piscina del hotel. Pero, ¡no es igual! ¡Quiero salir! ¡Quiero ver el sol! ¡Quiero sentir la arena[3] caliente entre los dedos de mis pies[4]!

Dicen que la comida cubana es muy buena, pero no podemos salir a los restaurantes cubanos. Tenemos que comer en el restaurante del hotel todos los días. ¡No quiero ver otra hamburguesa en toda mi vida!

No saben cuándo va a tocar tierra el huracán. No saben dónde va a tocar tierra. No sabemos cuándo podemos salir de Miami. El huracán nos tiene prisioneros.

Miami es una ciudad maravillosa, según los folletos[5] y las guías turísticas. Es una ciudad con un clima ideal para las vacaciones. Es una ciudad que ofrece muchas actividades acuáticas y muchas diversiones para personas de todas las edades. ¿Es verdad? No sé. Para mí, Miami es una ciudad de lluvia y días de hotel largos y aburridos.

c. Can you find any facts about Miami in Adriana's essay? If so, what are they?

d. Can you find any opinions about Miami in Adriana's essay? Point out at least one.

---

1 it's raining cats and dogs   **2** we play hide-and-seek   **3** sand   **4** toes   **5** brochures

Capítulo 5   **41**

E. How many facts about Miami can you find in Alberto's essay? Point out at least two.

F. How many opinions can you find about Miami in Alberto's essay? Point out as many as you can.

El Miami de hoy
por Alberto Escamilla

Entre las ciudades más grandes de la Florida, Miami ocupa el segundo lugar. Está localizada en la parte suroeste del estado, en la bahía de Biscayne.

Miami es una ciudad de 370.000 habitantes. El 55 por ciento de esos habitantes son latinos. Además de[1] la población cubana, residen en Miami personas de Brasil, China, Colombia, El Salvador, Alemania, Grecia, Haití, Irán, Israel, Italia, Jamaica, Líbano, Malaysia, Nicaragua, Panamá, Puerto Rico, Rusia, Suecia y Venezuela.

Miami es la única ciudad estadounidense planeada por una mujer. Julia Tuttle, de Cleveland, es quien convenció a los financieros de Nueva York que en este sitio existía la posibilidad de una gran ciudad.

Miami es el destino de diez millones de turistas cada año. Sesenta por ciento del turismo del área se debe a esta ciudad. Es también el puerto más grande de todo el mundo para cruceros turísticos y comerciales[2]. Cuarenta por ciento de todas las exportaciones de los Estados Unidos con destino a Sudamérica, Centroamérica y el Caribe salen del puerto de Miami.

El nombre Miami se deriva de *Mayaimi,* una palabra de los indígenas de la región. Algunos creen que quiere decir «agua grande» y otros que significa «agua dulce[3]».

Miami es una ciudad con una historia fascinante y un presente vibrante. Es el sitio ideal para las vacaciones.

---

1 In addition to   **2** cruises and commercial ships   **3** fresh water

Miami: la ciudad de mis sueños

por Gloria García

Miami: Ciudad Mágica. Ciudad del Futuro. Ciudad de Sueños. Puerta al Caribe. Capital de Sudamérica. El Nuevo Nueva York. Todos nombres que tratan de capturar la magia y la maravilla de la ciudad de mis sueños.

¿Qué es lo que atrae[1] a diez millones de turistas cada año? Primero, tenemos que empezar con la naturaleza: la flora y fauna en abundancia, las playas con sus brisas calurosas, la vegetación exótica, los pájaros tropicales, la vida acuática, y las frutas sabrosas como el mango y la guayaba.

¡No hay tiempo para aburrirse! Hay actividades y diversiones para cualquier gusto. Si te gusta la playa y el aire libre, puedes participar en deportes como el esquí acuático, el windsurf, los motoesquís, el kayak, el buceo, la natación, la vela[2] o la pesca[3]. Si eres atleta, puedes andar en bicicleta, ir jogging, o jugar al golf o al tenis. Si prefieres visitar museos o galerías, hay varios en la ciudad que valen la pena[4]. Y si te gusta ir de compras, hay centros comerciales fabulosos por toda la ciudad.

Si tu actividad preferida es ¡comer!, Miami es un paraíso de comidas internacionales. Puedes ir a restaurantes cubanos, brasileños, nicaragüenses, colombianos, puertorriqueños y vietnamitas, para mencionar sólo algunos.

Y si quieres sentir la energía latina de la ciudad, sólo tienes que ir a la Calle Ocho, donde puedes pasar tiempo en cafés cubanos, pastelerías[5] nicaragüenses o taquerías centroamericanas. Si estás en Miami en marzo, no te pierdas el Festival de la Calle Ocho, el gran evento latino del año.

Como todos sus apodos[6] indican, Miami es una ciudad de muchas facetas: es mágica, es moderna, es cosmopolita, es internacional y es, simplemente, ¡maravillosa! La ciudad de mis sueños[7].

1 attracts **2** sailing **3** fishing **4** are worth it **5** pastry shops **6** nicknames
7 dreams

G. Are there any facts about Miami in Gloria's essay? Point out at least two.

H. Are there any opinions about Miami in Gloria's essay? Point out as many as you can.

I. Which essay of the four contains the most facts? the most opinions? the best balance between facts and opinions?

J. Which essay did you like the best? Why?

K. Which essay did you find the most informative about Miami? the least informative?

L. Can you draw any conclusions about the usage of facts versus opinions in essays?

Después de leer
Actividades

1 ¿Quién?
Answer the following questions.

1. Who had the most fun on his/her trip to Miami?
2. Who had the least fun?
3. Who doesn't tell you anything about his/her visit to Miami?
4. Whose essay is the most factual?
5. Whose essay is the least factual?
6. Based on the essays, who do you think might decide to live in Miami? Who probably wouldn't?

2 Miami
Based on the student essays, make the following lists.

- list five facts about Miami that interested you
- list five water sports that you can participate in while in Miami
- list five nationalities of people who live in Miami
- list five of Miami's natural attractions
- list five things you think you might like about Miami

3 Conversación
Pick two of the students who wrote an essay on Miami and write a conversation between the two of them. They should introduce themselves and tell each other where they are from. Then they might talk about Miami, including what they like or dislike about the city. You can include ideas that they may or may not have expressed in their essays.

4 Tarjetas postales

Miami, Florida

Write four postcards, one from each of the students who wrote the essays. Read the essays again to make sure that you get a sense of what Juan, Adriana, Alberto, and Gloria might say to a friend of theirs while on vacation in Miami. Be sure to include both: facts and opinions.

5 El viaje de mis sueños

In Activity 6, you are going to write an essay about the vacation of your dreams. First, make a chart like the one below. In the first column, compile a list of facts that interest you about the city you would like to travel to. In the second column, write a few opinions you might have about that city, either positive or negative.

Hechos	Opiniones

6 Mi composición

Now, using the facts and opinions that you gathered in Activity 5, write an essay on the vacation of your dreams. Try to weave together an essay that balances both fact and opinion in a way that makes it both informative to the reader and a pleasure to read.

Un poco más...

1 **Folleto turístico**

In groups of four, design and write a brochure to attract visitors to your town or city. You might want to include the following kind of information:

- population
- some interesting historical facts
- typical weather in different seasons of the year
- important dates or festivals in your town
- names of good restaurants and the kind of food they serve
- where to stay
- where to shop
- museums and galleries
- outdoor activities and sports
- map

Remember that your goal is to attract visitors to your town. Use whatever combination of facts and opinions that you think will be effective in accomplishing that goal.

Lay out a rough draft of your brochure and assign different topics to each of the four persons in your group. Gather your material. Use whatever visuals you can find in your local paper, telephone book, or create your own. Make it splashy!

6 *Antes de leer*

Roque y el planeta sin quehaceres

Estrategia

Analyzing cause and effect A cause is *why* something happens. An effect is *what* happens as a result of that cause. If a writer states the cause and not the effect, or states the effect and not the cause, the reader must make inferences in order to determine the probable cause or the probable effect. To analyze cause-and-effect relationships, we must use information in the text along with our own prior knowledge and experience of how things happen.

Actividad

Causa y efecto Match the probable effect in Column 2 with its cause from Column 1.

Columna 1: Causas

1. Roque no estudia y no hace su tarea para la clase de español.
2. Roque no saca la basura.
3. Roque escucha música durante la clase de geografía.
4. Roque mira la televisión todo el día.
5. Roque no pone el despertador.

Columna 2: Efectos

a. El profesor de geografía se enoja con Roque.
b. Roque llega tarde al colegio.
c. Roque no hace los quehaceres.
d. Roque saca una mala nota en la clase de español.
e. La mamá de Roque tiene que sacar la basura.

Roque y el planeta sin quehaceres

Roque es un niño guapo, pelirrojo y no muy alto, como todavía no cumple los diez años. Algunos dirían[1] que es travieso, pero en realidad, no es travieso, es, a ver[2], ¿cómo describirlo?, muy creativo. Nuestro amigo Roque tiene una imaginación más enorme que el universo intergaláctico en el que reside.

Para Roque un día ideal no incluye el colegio, los quehaceres, la tarea, nada que huela a[3] trabajo. No me malentiendan[4]: Roque no es perezoso. Roque tiene mucha energía y trabaja muy duro en su pasatiempo preferido: leer las tiras cómicas de los superhéroes del planeta Zirconio. Estudia cada episodio y cada página intensamente.

Pero no sólo le gusta leer las aventuras del Capitán Equis y CiberChico y LáserMan, también le gusta participar en esas mismas aventuras. Para eso, necesita la ayuda de su leal y honrado compañero, Cometa.

En los ojos del hombre común, Cometa es un perro enorme, cariñoso[5] y no muy listo. Pero para Roque, en su papel de[6] LáserMan, Cometa es su valiente y admirable protector.

---

1 Some would say   **2** let's see   **3** hints of   **4** Don't misunderstand me.   **5** loving
6 role of

«La nave espacial[1] de LáserMan y Capitán Cometa necesita más aparatos[2] intergalácticos», piensa Roque un día. Ahora la nave se parece[3] sospechosamente al cuarto de un niño desorganizado. «Esto requiere dinero», sigue Roque en su línea de pensamiento. «Hablaré con la Unidad Materna». Primer gran error de nuestro superhéroe.

«Mamá».

«Sí, mi vida».

«¿Hay quehaceres que hacer?»

«Sí, hijo, siempre hay quehaceres que hacer».

«¿Me pagas[4] si te ayudo con los quehaceres?»

La cara[5] de la Unidad Materna, que casi siempre exhibe un aspecto cariñoso, ahora se transforma en la cara del enemigo[6] Vulcán.

«¿Por qué te voy a pagar por quehaceres que debes hacer de todos modos[7]? No, señor. Usted va a hacer todos los quehaceres que yo le diga[8] y no va a recibir ni un centavo. ¿Entendido[9], Roque Manuel Mirabal Montero?»

El uso del nombre entero con ambos[10] apellidos señala dificultades.

«Sí, mamá». Esto no ha salido nada bien[11].

«Primero, a lavar los platos. ¿Entendido?»

Roque mira a su mamá salir de la cocina. «A su servicio, Comandante Mamá». Se ríe. Lavar los platos no es una sentencia grave.

....
1 spaceship   **2** gadgets   **3** looks like   **4** Will you pay me…?   **5** face   **6** enemy   **7** anyway   **8** that I tell you   **9** Understood?   **10** both   **11** has not turned out well at all

D. ¿Para qué necesita dinero Roque?

E. ¿Qué le pregunta Roque a su mamá?

F. ¿Cómo responde su mamá?

G. ¿Qué tiene que hacer Roque?

H. ¿Por qué grita la mamá de Roque?

«Capitán Cometa, tenemos nuestra tarea. Adelante». Cometa, fiel compañero que es, mira a Roque mientras lava los platos y los pone uno por uno en el lavaplatos. Roque pone el jabón en el sitio[1] indicado. Prende[2] la máquina y regresa a su aventura.

Roque está absorto en la guerra intergaláctica entre el planeta Zirconio y el planeta Nexos cuando oye los gritos[3] de la Unidad Materna. Baja corriendo a la cocina. Allí encuentra a su madre en frente del lavaplatos. Hay un océano de espuma de jabón[4] saliendo de la máquina.

I. ¿Ahora qué tiene que hacer Roque?

«¿Qué has hecho[5], Roque Manuel Mirabal Montero?»

Roque sabe que no hay otra solución. Busca el trapo para trapear[6] el suelo. Fiel y honrado Cometa, siempre a su lado, siente su profunda desolación.

Nuestro superhéroe acaba[7] el quehacer y trata de escaparse a su nave espacial. Pero no. La Comandante tiene la visión láser de LáserMan.

J. ¿Por qué no puede regresar Roque a su nave espacial?

«¿Adónde vas, Roque?»

«A la nave espacial Zeus».

«No. Creo que no. Primero tienes que darle de comer[8] a Fénix».

Fénix, pájaro enemigo, perico[9] de mal humor, ángel por fuera[10] diablo por dentro[11].

«Está bien, mamá». Y a sí mismo, «Coraje, LáserMan. Es importante no exhibir miedo».

....

1 place **2** turns on **3** shouts **4** soap suds **5** What have you done. . . ? **6** to mop
7 finishes **8** to feed **9** parakeet **10** on the outside **11** on the inside

Nuestro superhéroe va al clóset a sacar la comida del enemigo. Se acerca a la jaula[1] y empieza a sentir golpecitos[2] en la cabeza. Fénix está sistemáticamente tirando semillas y cacahuates directamente a la cabeza de LáserMan. «Esto no puede ser», dice LáserMan valientemente. «El pájaro tiene que saber quién es El Jefe».

Roque trata de[3] abrir la jaula para darle de comer a Fénix, pero en ese momento, el perico alza las alas[4] y empieza a volar. Capitán Cometa empieza a ladrar[5]. La jaula, perico, semillas, todo se cae[6] al suelo. El escándalo trae a la Unidad Materna corriendo.

«¡Roque Manuel Mirabal Montero, el tercero! ¿Qué has hecho? ¡Mira este mugrero[7]! Ahora vas a pasar la aspiradora[8], ¿entendido?»

«Pero, pero…»

«No hay peros en esta situación. ¡Pasa la aspiradora, ahora mismo!»

LáserMan mira a su fiel compañero quien lo recompensa con una mirada de compasión. «No hay justicia en este planeta. Por eso prefiero el planeta Zirconio, donde la justicia siempre triunfa y no hay pericos ni aspiradoras ni platos sucios».

LáserMan completa su tarea sin quejarse más. Cree que por fin puede regresar al planeta Zirconio, el planeta sin quehaceres. Pero no es así.

«Muy bien, hijo, ahora tienes que sacar[9] la basura. La bolsa de la aspiradora está llena».

Mientras lees

K. ¿Qué hace Fénix?

L. ¿Qué pasa con la jaula de Fénix?

M. ¿Ahora qué tiene que hacer Roque?

N. ¿Cuál es el último quehacer que tiene que hacer Roque?

1 cage   2 small blows   3 tries to   4 lifts his wings   5 to bark   6 falls
7 Look at this filthy mess!   8 to vacuum   9 to take out

LáserMan es fuerte y paciente, pero su paciencia se está disminuyendo[1]. Recuerda que ya es de noche. Este viaje a las tierras incógnitas del jardín por la noche puede ser interesante. LáserMan y Capitán Cometa siempre están listos para una nueva aventura en planetas desconocidos.

En el jardín, LáserMan ve unas enormes luces centelleando[2]. «¡Capitán Cometa! ¡Mira! ¡Es un OVNI[3]! ¡Extraterrestres! ¡Listos para la defensa!»

Con esto, LáserMan usa la tapa[4] del basurero para protegerse. Su fiel co-capitán se pone a su lado y emite los ladridos que asustan[5] al gato, que corre y tumba[6] el basurero, que hace mucho ruido[7], que causa más ladridos y más pandemonio. A Capitán Cometa se le olvida[8] su papel de superhéroe y regresa a su papel de perro. Corre detrás del gato. Corre por encima de la basura tirada dejando papelitos rotos[9] y cajas de leche y cereales y toallas de papel usadas. El jardín es ahora una montaña de basura. Mientras tanto, el OVNI desaparece y LáserMan y Capitán Cometa se quedan sin enemigo para conquistar.

«Mañana es otro día, Capitán Cometa». Esto lo dice nuestro superhéroe mientras empieza a recoger la basura desparramada[10] por el jardín.

A los 42 años, todavía tengo ese póster de LáserMan y una profunda aversión a los quehaceres domésticos.

O. ¿Qué ve Roque en el jardín?

P. ¿Qué pasa en el jardín?

Q. ¿Ahora qué tiene que hacer Roque?

R. ¿Quién es el narrador de la historia? ¿Cómo lo sabes?

---

1 is diminishing **2** sparkling lights **3** UFO **4** lid **5** scare **6** knocks down
7 noise **8** forgets **9** torn **10** scattered

Después de leer
Actividades

1 ¿Cierto o falso?

Decide if the following statements are **true (T)** or **false (F)**. Change the false statements into true statements.

1. Roque es rubio y alto.
2. Cometa es pequeño y listo.
3. Roque quiere dinero para comprar aparatos intergalácticos para su nave espacial.
4. A Roque le gustan los quehaceres domésticos.
5. Roque pone demasiado jabón en el lavaplatos.
6. Roque tiene que darle de comer a Fénix, el perico.
7. La mamá de Roque pasa la aspiradora.
8. Roque saca la basura sin problemas.

2 Las causas y sus efectos

Match the causes from Column A to the effects from Column B.

Column A

1. Roque le pide dinero a su mamá por hacer los quehaceres.
2. Roque pone demasiado jabón en el lavaplatos.
3. Roque trata de darle de comer a Fénix, el perico.
4. Las semillas y los cacahuates se caen al suelo.
5. La bolsa de la aspiradora está llena.
6. Cometa asusta al gato.
7. La basura se desparrama por todo el jardín.

Column B

a. Roque tiene que pasar la aspiradora.
b. El gato tumba el basurero.
c. Roque tiene que lavar los platos.
d. La jaula, perico, semillas, todo se cae al suelo.
e. Roque tiene que recoger la basura.
f. Roque tiene que sacar la basura.
g. Roque tiene que trapear el suelo.

3 La familia de Roque

Complete Roque's description of his family with the correct possessive adjectives.

En ___1___ familia somos cuatro: ___2___ mamá, ___3___ papá, ___4___ hermana y yo. ___5___ mamá es cariñosa pero también puede ser un poco estricta. ___6___ papá es alto y atlético. ___7___ hermana es muy traviesa.

También tenemos un perro y un perico. ___8___ mascotas se llaman Cometa y Fénix. Cometa es ___9___ mejor amigo. ___10___ cuarto es ___11___ nave espacial Zeus. Es allí donde Capitán Cometa y LáserMan conquistan a ___12___ enemigos.

Fénix es ___13___ enemigo número uno. ___14___ pasatiempo favorito es tirar ___15___ semillas y cacahuates al suelo o directamente a ___16___ cabeza. Tengo que limpiar ___17___ jaula todos los sábados. No me gusta ese quehacer ¡para nada!

4 Debes…

With a partner, take turns telling each other what house hold chores you each should do based on the drawing. Use a dictionary if you need to.

1.

5.

2.

6.

3.

7.

4.

8.

5 Roque y su amigo

Write a dialogue between Roque and one of his friends. Roque's friend wants to know what Roque did for the weekend. Roque tells his friend about his disastrous weekend with the house hold chores.

6 Tus fines de semana

Write a short story about your weekends. Include descriptions of your family and friends. Write about what you do and about the effects of the things you do. You can write truthfully about your weekends, or invent a story similar to Roque's.

7 El planeta Zirconio

Write about what a planet without house hold chores might be like. Would you like to live there? Why would there be no house hold chores? Do the superheroes on the planet do house hold chores or do they have robots that do them? Be as creative as possible.

Un poco más...

Refrán:

A cada pájaro le gusta su nido.

1 ¿Animales con personalidad?

Did you notice that Cometa, Roque's dog, was described as loyal and faithful throughout the story? Animals have human traits associated with them in literature and in common sayings. Can you match the personality traits with the right animal? Write the trait that you associate with each animal in the blank by that animal.

Animales

1. _____ perro

2. _____ elefante

3. _____ toro

4. _____ hormiga

5. _____ zorro

6. _____ tortuga

7. _____ serpiente

8. _____ león

9. _____ conejo

10. _____ caballo

Características

a. astuto[1]

b. buena memoria

c. cariñoso

d. feroz[2]

e. fiel[3]

f. furioso

g. lenta[4]

h. rápido[5]

i. trabajadora[6]

j. traicionera[7]

2 ¿Cómo es tu mascota?

If you have a pet, write a description of him or her. Remember to describe his or her personality as well as his or her looks! Describe a particular incident that made you think of your pet as having a certain trait if you can.

. . . .

1 clever **2** ferocious **3** loyal **4** slow **5** fast **6** hard working **7** treacherous

Capítulo 6 55

Crucigrama

Complete the sentences below with the words from the word bank.
Then, write them in the correct space in the crossword puzzle.

basura	aspiradora	cortar	planchar	leer
tirarle	perro	semillas	lavaplatos	poner
tender	darle	quehaceres	trapear	perico

Verticales

1. Roque pone el jabón en el _____.

2. Antes de cenar es necesario _____ la mesa.

3. Debes _____ tu cama todos los días.

4. Roque tiene que _____ de comer al perico.

5. A Roque no le gusta hacer los _____ de la casa.

6. Roque sabe que tiene que _____ el suelo.

7. El peor enemigo de LáserMan es un _____ llamado Fénix.

Horizontales

8. Siempre debes tirar la _____ en el basurero.

9. La _____ sirve para aspirar el piso.

10. En el verano es necesario _____ el césped con frecuencia.

11. ¿Dónde está la plancha? Necesito _____ mi camiseta.

12. A Roque le encanta _____ las tiras cómicas.

13. El pasatiempo favorito de Fénix es _____ cacahuates a Roque.

14. Cometa, el _____ de Roque, es su mejor amigo.

15. El suelo está lleno de _____ y Roque tiene que pasar la aspiradora.

Capítulo

7

Antes de leer

Sinvergüenza

Estrategia

En resumen Para hacer un resumen, una exposición breve de un texto, el lector tiene que explicar lo que leyó usando pocas palabras. Para hacer un resumen de una oración o un párrafo, primero hay que saber cuál es la palabra o palabras más importantes de esa oración o de ese párrafo.

Actividades

 La palabra más importante Decide cuál es la palabra más importante en las siguientes oraciones. Si es necesario, usa un diccionario.

1. Olivia quiere usar el horno sin pedirles permiso a sus padres.

2. Olivia le pide un favor a su amigo Gustavo.

3. Gustavo quiere negociar con Olivia.

4. Verónica chantajea a Olivia.

5. Olivia lava la ropa de Verónica.

6. Su papá las castiga cuando se entera del trato que hicieron entre ellas.

B **Cuento** Usa los dibujos para contar, en pocas palabras, la historia de Carolina y Alberto. ¿Qué crees que pasa? ¡Inventa un final creativo!

1.

3.

2.

4.

Sinvergüenza

«Gustavo, ¿qué voy a hacer?»

Estoy hablando por teléfono con mi mejor amigo, Gustavo, a quien le gusta mucho cocinar. También es corebac[1] en el equipo del colegio y por eso no le gusta decirle a nadie de su obsesión culinaria, porque cree que se van a burlar[2] de él. Pero yo no. Amiga fiel y sincera, yo le aseguro que nunca revelaré su secreto, bajo pena de muerte[3], en manos del más cruel enemigo, guardaré[4] su secreto como si fuera mi propia vida.

«¿Con relación a qué?»

«¡Con relación a la venta de galletas[5] que vamos a tener para el Club de Drama!»

No sé por qué los muchachos oyen sólo la mitad de lo que uno les dice. La venta de galletas había sido[6] mi único tema de conversación en los últimos días.

«No te pongas histérica, Olivia. ¡Son galletas, por el amor de Dios, no son reactores nucleares!»

Ay, Gustavo, alma inocente, de carácter noble y gentil, a veces me daban ganas de tirarle las orejas[8], acción imposible vía las telecomunicaciones. Pero gran diplomática que soy, y quizás también porque en este momento necesito sus talentos culinarios, me explico calmadamente.

«Gustavo. Necesito tu ayuda[9] con las galletas. Ya sabes que no soy tan experta cómo tú en la cocina».

«¿No te prohibieron tus padres usar la estufa[10] sin la supervisión de un adulto?»

Ay, sí, ese problemita en la cocina el verano pasado. Les aseguro, queridos lectores, les juro por mi madre y mi abuela y mi tatarabuela que ese incendio[11] no fue mi culpa[12].

---

1 quarterback **2** make fun **3** death penalty **4** I will keep **5** cookie sale **6** had been
7 asks for **8** pull his ears **9** your help **10** stove **11** fire **12** my fault

«Sí, Gustavo, pero la verdad es que me prohibieron a *mí*, no a *ti*».

«Sinvergüenza[1]».

«¿Me ayudas o no?»

No me gusta para nada la pausa marcada en su respuesta.

«Y, ¿yo qué? ¿Qué vas a hacer por mí?»

Ah, ahora entiendo. Quiere negociar.

«Nombra tu precio».

«El equipo de fútbol va a pasar el domingo aquí. Vamos a ver el partido entre los *Cowboys* y los *Patriots* en la tele».

«Continúa».

«Necesito que vengas un rato. Tienes que servir los platos que voy a preparar. Tienes que decirles[2] a todos que tú los preparaste».

Facilísimo. Pobre Gustavo. Gran cocinero y futbolista que es, y no puede admitirle a sus compañeros que le gusta cocinar. Situación perfecta para mí.

«De acuerdo[3], Gustavo, hecho[4]. Ahora, mañana después del colegio tienes que venir a casa conmigo para hacer las galletas. Tenemos que acabar antes de las siete, cuando llegan mis padres a casa».

«No hay problema. Puedes contar conmigo».

Gustavo, Gustavo, Gustavo: amigo ideal para las situaciones delicadas.

Es martes por la tarde. Son las seis más o menos. Gustavo y yo estamos en la cocina haciendo la limpieza. ¡Las galletas salieron deliciosas! Gustavo es un genio para la cocina. Todo va bien; tenemos suficiente tiempo para lavar los platos y dejar la cocina en su previo estado. Me siento[5] feliz. Todo ha salido según el plan. Puedo respirar.

Es cuando abre la puerta y entra, enemiga de enemigas, chismosa[6] y aguafiestas[7], mi hermana mayor, Verónica de los Mal Humores. Con su nariz para los posibles escándalos, nota inmediatamente que hay algo sospechoso en mi comportamiento[8]. Claro que la cara de terror que exhibe Gustavo no contribuye a mi causa.

Mientras lees

E. ¿Acepta Gustavo hacerle el favor a Olivia? ¿Con o sin condiciones?

F. ¿Salen bien las galletas?

G. ¿Quién entra a la cocina?

- -

1 rascal, scoundrel   **2** tell them   **3** Agreed   **4** done   **5** I feel   **6** gossip   **7** party pooper   **8** behavior

Capítulo 7   **59**

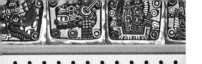

H. ¿Cómo sabe Verónica que usaron el horno?

I. ¿Qué le ofrece Gustavo a Verónica?

J. ¿Quién chantajea a quién?

K. ¿Qué tiene que hacer Olivia para comprar el silencio de Verónica?

L. ¿Cómo sacan el olor de chocolate de la cocina?

«Huelo[1] algo delicioso. ¿Qué es?»

«Nada. No hueles nada».

«Estás equivocada, Olivia. Hay un aroma distinto en la cocina. Hmmmmm. A ver».

La detective empieza a pasearse por la cocina, abriendo gabinetes[2] e inspeccionando todo cuidadosamente. Mis nervios la siguen, paso por paso. Cuando abre el horno[3], sé que el juego ha terminado. Y que yo he perdido[4].

«¿Por qué está caliente[5] el horno?»

«¿Está caliente? No lo sabía». Mi trabajo en el teatro siempre es mi salvación.

«No te hagas la inocente, Olivia. Ya sabes que mami y papi te prohibieron el uso del horno».

Gustavo cree, incorrectamente, que una galleta servirá para apaciguar[6] los instintos maliciosos de mi querida hermana.

«Prueba, Verónica. Usé un chocolate especial en las galletas».

Verónica se come la galleta con mucho gusto, pero no sirve para borrar sus visiones de chantaje[7].

«Olivia. Éste es el trato[8]. Si no lo aceptas, voy a tener que contarles a nuestros padres que los has desobedecido[9]».

Se me cae el corazón a los pies. ¿Qué me va a pedir?

«Tienes que hacer mis quehaceres por dos semanas. Y tienes que lavar toda mi ropa sucia».

Lo de los quehaceres no me causa alarma. ¡Pero lo de la ropa! Me parece una sentencia demasiado pesada por mi crimen pequeñito. En el centro del cuarto de Verónica hay una pirámide de ropa sucia que sigue creciendo[10] todos los días y que a veces parece estar viva. Pero no tengo alternativa.

«Acepto».

«Está bien. Ahora vamos a poner todos los abanicos[11] y abrir las ventanas para sacar ese aroma de chocolate de la cocina».

. . . .

1 I smell   **2** cabinets   **3** oven   **4** I have lost   **5** hot   **6** to pacify   **7** blackmail
8 deal   **9** you have disobeyed   **10** keeps on growing   **11** fans

En un instante mi hermana se transforma de enemiga en cómplice. Cuando llegan mis padres la cocina está tranquila y ventilada y las dos estamos haciendo la tarea en la mesa. No hay ninguna evidencia de mi transgresión.

Mi papá es un hombre sincero y trabajador. Pero a veces está muy preocupado y no presta atención al circo que es nuestra familia. Por eso no creo necesario hacer los quehaceres de Verónica y lavarle la ropa a escondidas[1]. Es sábado y decido atacar el Monstruo de Ropa Sucia antes de que me ataque a mí.

«Hija, ¿qué haces?»

«Estoy lavando la ropa, papá». Inocencia personificada. Es una actitud que he perfeccionado en varias obras de teatro.

«Pero ésa es la ropa de Verónica».

«Sí, papá».

«¿Y por qué lavas la ropa de Verónica, si se puede saber?»

Uno de mis peores defectos es que no puedo inventar mentiras[2] instantáneamente. Mis mentiras requieren mucho tiempo y pensamiento. Papá nota mi vacilación.

«Olivia. Dime[3] la verdad».

En ese momento entra Verónica al cuarto de lavar.

«¿Qué pasa, papá?»

«Tu hermana me va a explicar por qué está lavando tu ropa».

Verónica me da una mirada amenazadora[4], algo así como ¡cállate![5] o ya verás.

«Pues, papá, la verdad[6] es que ella me debe[7] un favor».

«Ah, ¿sí? Es un favor enorme, ¿no crees? ¿lavar tu montaña de ropa?»

«Sí, papá, pero es que ella…»

Mientras lees

M. ¿Qué hacen las hermanas cuando llegan sus padres?

N. ¿Qué quiere saber el padre de Olivia cuando la encuentra en el cuarto de lavar?

O. ¿Cómo explica Verónica la situación?

---

1 in hiding; surreptitiously   **2** lies   **3** Tell me   **4** a threatening look   **5** shut up!
6 truth   **7** owes me

Mientras lees

P. ¿Qué dice Olivia sin querer?

Q. ¿Cómo castiga a sus hijas el señor Aguirre?

R. ¿Quiénes están enojados con Olivia?

S. ¿Cree Olivia que es justo?

No puedo quedarme callada. A veces creo que la conexión entre mi cerebro[1] y mi boca[2] no funciona bien. Salen de mis labios[3] las palabras incriminatorias antes de que pueda suprimirlas[4].

«Pero yo no usé la estufa, papá, fue Gustavo».

Papá nos mira a las dos, primero a mí y luego a Verónica, marcando el tiempo, midiendo la evidencia y formulando su respuesta.

«Tú primero, Olivia. Desde el principio».

Hay momentos en los que uno reconoce que lo único que va a funcionar es la verdad. Éste era uno.

«La venta de galletas. Para el Club de Drama».

«Continúa».

«Como yo no puedo usar la estufa, Gustavo hizo[5] las galletas…»

«Ah, ahora veo. Y tú, Verónica. Explica tu participación».

Verónica está atrapada. No sabe qué decir. Por fin salen todos los detalles de nuestro trato. Al final de la interrogación, papá está furioso con las dos. Conmigo, por haber desobedecido, y con Verónica, por haberme chantajeado. Nos da nuestro castigo[6]: no hay tele por tres semanas y Verónica tiene que hacer sus quehaceres y lavar su ropa. Yo no puedo ir a la venta de galletas.

Verónica está furiosa conmigo porque dice que su castigo fue culpa mía. Gustavo está furioso conmigo porque mis padres hablaron con sus padres y lo castigaron a él también. Mis padres están furiosos conmigo porque confiaron[7] en mí y los desilusioné[8].

¡No me parece justo[9]! ¡Sólo quería hacer unas galletas para la venta de galletas que va a tener el Club de Drama! ¿Qué es lo malo de eso?

1 brain **2** mouth **3** lips **4** before I can suppress them **5** made **6** punishment
7 trusted **8** I disappointed them **9** It's not fair!

Después de leer
Actividades

1 **El sentido**[1]

Lee las siguientes oraciones del cuento «Sinvergüenza». Escoge la palabra que tú crees es la más importante de cada oración. Explica por qué crees que esa palabra contiene el sentido de la oración.

1. «¿No te prohibieron tus padres usar la estufa sin la supervisión de un adulto?»

2. «Sí, Gustavo, pero la verdad es que me prohibieron a *mí*, no a *ti*».

3. «Es cuando abre la puerta y entra, enemiga de enemigas, chismosa y aguafiestas, mi hermana mayor, Verónica de los Mal Humores».

4. «Verónica se come la galleta con mucho gusto, pero no sirve para borrar sus visiones de chantaje».

5. «En un instante mi hermana se transforma de enemiga en cómplice».

6. «Uno de mis peores defectos es que no puedo inventar mentiras instantáneamente».

7. «Hay momentos en los que uno reconoce que lo único que va a funcionar es la verdad».

8. «¡No me parece justo!»

2 **En resumen**

Haz un resumen[2] del cuento «Sinvergüenza». Escribe oraciones breves para explicar cada acontecimiento[3] importante del cuento. Puedes usar las siguientes palabras en tus oraciones.

MODELO Olivia, galletas
Olivia necesita hacer galletas para la venta de galletas que va a tener el Club de Drama.

1. estufa, adulto
2. llamarle, favor
3. Gustavo, galletas
4. cocina, entrar
5. Verónica, chantaje

6. padre, ropa
7. el cuarto de lavar, interrogar
8. Olivia, confesar
9. padre, castigar
10. todos, furiosos

3 **Cuenta de nuevo**

Ahora usa tu resumen de la Actividad 2 para escribir la narración de un tráiler[4] para la película *Sinvergüenza*. Puedes trabajar con un(a) compañero(a) si prefieres. Traten de escribir la narración con suspenso y acción, cómo lo hacen en los tráilers verdaderos.

. . . .

1 The meaning **2** summary **3** event **4** movie trailer

4 Olivia o Gustavo

Quieres invitar a Olivia o a Gustavo a
una fiesta. Llámalo(la) por teléfono
y haz[1] la invitación. Él (o ella) no
puede aceptar tu invitación porque
tiene que hacer galletas para la venta
de galletas que va a tener el Club de
Drama. Puedes escribir el diálogo, o
puedes representar[2] la conversación
con un(a) compañero(a) en frente
de la clase.

5 Palabras desconocidas[3]

Haz una lista de por lo menos cinco palabras o frases del cuento que no
sabías[4]. Busca las palabras o frases en un diccionario y escribe sus definiciones.
Luego escribe una oración con cada palabra o frase.

Palabra desconocida	Definición	Oración
1. burlarse	to make fun of	A veces me burlo de mi hermano.
2.		
3.		
4.		
5.		

6 ¡Castigo!

Escribe en pocas palabras lo que pasa[5] cuando te metes en líos[6] en casa o en el
colegio. ¿Cómo te castigan tus padres? ¿Y tus maestros? Primero haz una lista de
los acontecimientos importantes. Luego escribe oraciones breves que expliquen
la situación desde el principio hasta el final.

. . . .

1 make **2** act out **3** unknown **4** that you didn't know **5** what happens **6** when you get in trouble

Un poco más...

1 Palabras compuestas[1]

Una **palabra compuesta** es una palabra que se forma de dos o más palabras. Tú sabes muchas palabras compuestas en inglés, por ejemplo, *football, raincoat,* o *birthday.* También sabes algunas palabras compuestas en español como **cumpleaños, sinvergüenza** y **aguafiestas.** Observa las palabras compuestas a continuación, el significado[2] de sus partes y su traducción[3] al inglés. ¿Puedes relacionar[4] las partes que forman las palabras con su significado?

¡Enhorabuena!

Palabras compuestas	Significado de sus partes	Traducción
cumple + años	*to complete + years*	*birthday*
sin + vergüenza	*without + shame*	*rascal*
agua + fiestas	*water + parties*	*party pooper*

Ahora divide las siguientes palabras en sus partes y escríbelas en un cuadro[5] como el anterior. Analiza las partes y trata de adivinar[6] la traducción de la palabra al inglés. Usa un diccionario para comprobar[7] si tus respuestas son correctas.

1. telenovela	**6.** sinnúmero	**11.** paracaídas
2. sacapuntas	**7.** guardabosques	**12.** sobrecama
3. lavaplatos	**8.** pelapapas	**13.** sabelotodo
4. paraguas	**9.** lavamanos	**14.** enhorabuena
5. parasol	**10.** parachoques	**15.** parabrisas

---

1 Compound words   **2** meaning   **3** translation   **4** relate   **5** chart   **6** guess   **7** to check

2 ¡A cocinar!

¿Te gustan los camarones[1]? El siguiente plato es tan fácil de hacer, que hasta Olivia que no sabe nada de cocina, podría prepararlo, y ¡ni siquiera requiere el uso del horno! Prepáralo la próxima vez que tengas amigos en casa. ¡Es delicioso!

Coctel de camarones

Ingredientes
2 paquetes de camarones precocidos[2]
1½ tazas de salsa de tomate
3 cucharadas de mayonesa
1½ cucharaditas de salsa inglesa
2 cucharadas de aceite de oliva
4 cucharadas de jugo de limón
3 cucharadas de cebolla[3] verde,
   finamente picada[4]
2 cucharaditas de cilantro, finamente picado
3 cucharadas de ajo[5], finamente picado
Sal al gusto

Preparación
Descongela[6] los camarones, lávalos y déjalos escurrir[7] muy bien. Mientras tanto, en un recipiente[8] de vidrio, combina todos los otros ingredientes. Agrega los camarones y revuelve[9] todo bien. Pon el coctel de camarones en el refrigerador por media hora antes de servirlo.

Nota cultural

¿Sabías que ...? En España y en México se almuerza entre la una y las tres de la tarde, se toma una ligera merienda[10] a eso de las cinco o seis y se cena entre las ocho y las diez de la noche. Las costumbres relacionadas con la comida varían mucho de país a país y de región a región y por lo tanto es importante estar consciente de esas diferencias. Al igual que las costumbres, la comida también es muy variada. Un aperitivo típico de las regiones costeñas de México es el cóctel de camarones. Se sirve con galletas de sal, aguacate, cebolla y limón. Para darle un poco más de sabor[11] al cóctel, a mucha gente le gusta agregarle salsa picante. Otros pasabocas buenos para la merienda son: las tapas de España, las pupusas de El Salvador, las arepas de Venezuela y las empanadas de Colombia. Y a ti, ¿qué te gusta comer de *snack*?

1 shrimp   **2** pre-cooked   **3** onion   **4** finely chopped   **5** garlic   **6** defrost   **7** drain   **8** container   **9** stir
10 light snack   **11** flavor

Capítulo

8

Antes de leer

El club de hombres

Estrategia

Las generalizaciones Una generalización es la declaración de una idea general que se puede aplicar a varias situaciones. Es una reacción humana formar generalizaciones basadas en nuestras propias experiencias. Aún así, esas generalizaciones no siempre tienen validez en todas las situaciones. A veces pueden ser útiles pero otras veces pueden ser dañinas.

Por ejemplo, la generalización «Los perros en general son animales cariñosos» en una situación puede ser útil (para enseñarle a los niños que no hay que tenerle miedo a los perros), pero en otra, puede ser dañina (al encontrarse el niño con un perro feroz). Es importante conocer nuestras generalizaciones internas y saber en qué situaciones tienen validez y en qué situaciones no la tienen.

Actividades

A **Yo pienso que…** Estudia las siguientes generalizaciones y decide si estás de acuerdo con ellas o no. Luego explica por qué estás o no estás de acuerdo con cada una.

1. A las chicas no les gustan los deportes.
2. A los chicos no les gusta cocinar.
3. A las chicas les gusta el romance.
4. Los chicos prefieren la acción.
5. A las chicas les gusta bailar.
6. A los chicos no les gusta bailar.
7. La ciencia no es para las chicas.
8. A los chicos no les gusta la literatura.

B **Mis generalizaciones** Ahora escribe seis generalizaciones tuyas. Intercambia tu lista con un(a) compañero(a) y hablen sobre sus generalizaciones. ¿Están de acuerdo? Si no están de acuerdo, traten de convencerse el uno al otro que su generalización tiene validez en varias situaciones. Den ejemplos de esas situaciones.

A. ¿Quién es el narrador del cuento?

B. ¿Qué tiene que hacer Olivia?

C. ¿Qué le gusta hacer al narrador?

D. ¿Qué cree que sus compañeros de fútbol van a hacer si se dan cuenta de su pasión?

E. ¿Dónde empieza su interés en esa actividad?

El club de hombres

¿Sabes qué? Algunas veces las ideas que parecen sencillas[1] y fáciles resultan ser todo lo contrario: complicadas y difíciles. Claro que, si tiene que ver con Olivia, puedes estar bien seguro que la situación se va a complicar.

La idea es ésta: este domingo yo voy a cocinar para el equipo de fútbol y Olivia va a servir los platos y fingir[2] que ella es la cocinera. A mí me gusta mucho cocinar, pero creo que mis compañeros de fútbol se van a burlar de mí si se enteran[3] de mi pasión culinaria. Por eso le pido a Olivia este sencillo y pequeño favor.

¿De dónde nace[4] mi amor por la cocina? Con mi abuela. Desde chico, yo he pasado[5] horas con ella en la cocina mirándola practicar su magia sobre toda clase de frutas, vegetales, carnes, pescados, especias y masas. Empieza con una mesa de ingredientes variados y termina con algo delicioso y nutritivo. Como me encanta comer, desde el principio pensé que sería fenomenal tener ese mismo talento. Después de años de observación e instrucción, he formado un conocimiento[6] adecuado de la cocina tejana-mexicana.

A Olivia también le encanta disfrutar de una comida rica, así que ella frecuentemente se aprovecha[7] de mi interés en las ciencias gastronómicas. En cambio, yo soy el feliz espectador de los líos y

los dramas de una compañera divertida, y según dicen algunos, medio loca.

Olivia es mi mejor amiga del mundo. No recuerdo exactamente cómo vino a serlo, pero nunca olvidaré la primera vez que la vi en mi clase de kínder. Estaba armando un escándalo porque una niña le ensució sus zapatos[8] nuevos. La pobre niña se quedó paralizada por los gritos exagerados de su compañera.

1 simple   **2** pretend   **3** if they find out   **4** where does it come from?   **5** I have spent
6 knowledge   **7** takes advantage   **8** got her shoes dirty

De repente, Olivia para de gritar y empieza a reírse a carcajadas[1]. No estaba enojada, estaba actuando. Creo que mi fascinación con ella nació allí. Hay ciertos riesgos[2] en ser el mejor amigo de Olivia. Como, por ejemplo, la facilidad de ser reclutado[3] para participar en sus proyectos peligrosos[4]. Como las galletas del fin de semana pasado. Al hacerle el favor, yo también resulté castigado. Pero es difícil quedarme enojado con ella. Es la única persona que me puede hacer reír aunque esté[5] de mal humor. Para mí, ese talento vale demasiado.

Es con un poco de inquietud que le explico a Olivia qué quiero que haga con los platos y cómo servirlos. Nada complicado: sacar los nachos del horno después de que se derrita[6] el queso; menear[7] el chile con carne un poco para asegurar que esté caliente, ponerle el queso blanco a los frijoles refritos y calentar las tortillas en el comal a medida que se consuman.

Los muchachos llegan a tiempo, a las dos en punto, y se acomodan en la sala alrededor de la tele. Inmediatamente surge[8] el tema de la comida.

«¿Qué hay de comer, Gustavo?»

«¿Qué creen? ¿que mi casa es un restaurante?»

«¡Es que tu mamá siempre nos prepara unos antojitos[9] deliciosos!»

«Pues, mamá no está en casa hoy».

El grupo deja soltar un suspiro[10] colectivo.

«¡Pero no se preocupen[11]! Está Olivia en la cocina en este momento preparando la botana[12]».

Esta vez, el suspiro es más de horror que de alivio[13].

«¡Olivia! ¡Esa loca del Club de Drama?»

«¡Olivia Aguirre no sabe cocinar nada más que problemas!»

«¡Uy, no! Todavía queda tiempo. ¿Por qué no vamos a la casa de Arnulfo?»

«No, no podemos. Mi hermano tiene invitados hoy».

---

1 to roar with laughter **2** risks **3** to be recruited **4** dangerous **5** even if I am **6** melts
7 stir **8** comes up **9** appetizers **10** sigh **11** don't worry! **12** snacks **13** relief

Mientras lees

F. ¿Por qué Gustavo no puede enojarse con Olivia?

G. ¿Qué tiene que hacer Olivia en la cocina?

H. ¿Qué piden los muchachos cuando llegan a la casa de Gustavo?

I. ¿Qué quieren hacer los muchachos cuando se dan cuenta que Olivia es la cocinera?

Mientras lees

J. ¿Creen los muchachos que Olivia es buena cocinera?

K. ¿Por fin aceptan que Olivia puede cocinar?

L. ¿Qué descubre Gustavo cuando va a la cocina?

La reacción de mis amigos es enfática. Les espanta[1] la idea de comer algo preparado por Olivia. Los trato de consolar.

«No se preocupen, de veras. Les va a gustar lo que preparó. Yo mismo lo probé[2]. Muy sabroso, les aseguro».

No están convencidos por completo, pero empieza el partido en la tele y la idea de perderse el primer tiempo[3] en camino a otra casa es suficiente para disuadirlos.

«Está bien. Pero no puede ver el partido con nosotros».

«Sí. ¡Sólo hombres se permiten!»

Todos están de acuerdo. Olivia puede servir la comida, pero luego se tiene que ir. No sé cómo va a tomar las noticias Olivia. Voy a la cocina a ver cómo andan las cosas.

El olor a queso quemado[4] es la primera indicación que las cosas no andan nada bien. Olivia menea el chile con carne. Sus anteojos están empañados[5] por el vapor que sale de la olla[6]. Veo que no puede ver nada. En el comal hay dos o tres tortillas duras y negras por un lado. Los frijoles refritos parecen estar sin daño.

«¡Olivia!»

Alza[7] la cabeza para mirar hacia mi dirección, pero no me puede ver a través de sus anteojos empañados. No quiero alarmar a los muchachos, así que me acerco a hablarle más quietito.

«Olivia. ¿Qué has hecho?»

«Pues, lo que me pediste, Gustavo».

«Olivia, ¿no puedes oler[8] que los nachos se han quemado? ¿que las tortillas se están quemando? ¿que el chile con carne está a punto de[9] quemarse?»

«Ay, Gustavo, no seas exagerado. Todo va bien».

---

1 It terrifies them   **2** I tasted it   **3** the first half   **4** burnt   **5** fogged   **6** pot
7 She raises   **8** can't you smell. . .?   **9** about to burn

Apago[1] la estufa y el horno y trato de rescatar lo que queda[2] de la comida. Tengo que empezar de nuevo con los nachos pero no importa porque todavía tengo todos los ingredientes. Puedo rescatar suficiente chile con carne porque la olla es muy honda[3] y sólo se quemó la parte de abajo. Hay muchas más tortillas. Empiezo a trabajar rápidamente. Estoy consciente de que tengo la sala llena de muchachos hambrientos[4].

«Oye, Gustavo. ¿Qué le pasó a esa botana que nos prometiste?»
«¡Miguel!»

En ese momento Olivia está sentada leyendo una revista en la mesa. Miguel la mira a ella y luego a mí y luego a ella, y en un instante la comprensión se registra en su cara.

«¡Tú! ¡Tú eres el cocinero! No Olivia, no tu madre, ¡sino tú!»

Mi secreto revelado. No hay remedio. Hay que aceptar mi destino. Los muchachos no van a poder respetar a un corebac que cocina.

Olivia brinca de la mesa y trata de inventar una historia creíble.

«No, Miguel, no. Yo soy la cocinera. Gustavo sólo me estaba ayudando. Necesito un descanso, eso es todo».

Miguel no le cree y me mira a mí incrédulo.

«¿Tú puedes cocinar y nunca nos has dicho[5]?»

Pienso que aquí viene el golpetazo[6], el fin de mi alianza con Miguel y con todo el equipo.

«¡Hombre! Si tú puedes cocinar, ¡no necesitamos a nuestras madres o novias o amigas! Cuando nos juntamos[7] para ver los partidos en la tele, ¡puede ser un verdadero club de hombres!»

Me da un golpe en la espalda[8] y empieza a recoger los platos para ayudarme a llevarlos a la sala.

«Anda, pronto, que va a empezar el segundo tiempo. ¡Espera que les diga a los muchachos de nuestro corebac cocinero!»

Olivia me da esa sonrisa espectacular que tiene y se empieza a reír a todo volumen, como ese día en kínder.

«Anda, vete[9]. Vete a tu club de hombres».

- -

1 I turn off   **2** what is left   **3** deep   **4** starving   **5** and you have never told us?
6 final blow   **7** we get together   **8** back   **9** Go ahead, go!

Mientras lees

M. ¿Puede rescatar la comida Gustavo?

N. ¿Qué hace Olivia mientras Gustavo trabaja en la cocina?

O. ¿Qué descubre Miguel cuando entra a la cocina?

P. ¿Es un final feliz para Gustavo? ¿Por qué?

Después de leer
Actividades

¿Sabes?

Completa las siguientes oraciones con las respuestas correctas.
¡OJO! Algunas oraciones tienen varias respuestas correctas.

1. Al narrador, le gusta…
   a. jugar al fútbol.
   b. cocinar.
   c. comer.

2. El narrador aprende a cocinar mirando a…
   a. su madre.
   b. su mejor amiga.
   c. su abuela.

3. El narrador sabe cocinar comida…
   a. ecuatoriana.
   b. española.
   c. tejana-mexicana.

4. El narrador les va a servir … a sus compañeros.
   a. chile con carne
   b. frijoles refritos
   c. arroz blanco

5. Los amigos del narrador son…
   a. tenistas.
   b. futbolistas.
   c. cocineros.

6. Cuando llegan a la casa del narrador, los chicos…
   a. tienen frío.
   b. tienen sed.
   c. tienen hambre.

7. Olivia … cocinar.
   a. sabe
   b. no sabe
   c. quiere aprender a

8. Al principio del cuento, los chicos … que Gustavo es buen cocinero.
   a. no saben
   b. creen
   c. saben

El menú

El equipo de fútbol va a venir a tu casa este domingo para ver un partido de fútbol americano en la tele. Ellos quieren comer algo mientras miran el partido. Prepara un menú. Incluye aperitivos, platos principales, postres y bebidas.

El equipo de fútbol

Pónganse en grupos de cuatro. Ustedes van a hacer el papel del equipo de fútbol cuando está en la casa de Gustavo. ¿Qué piensan los muchachos sobre las siguientes cosas? Presenten su dramatización a la clase.

- la comida
- las habilidades de Olivia como cocinera
- las habilidades de Gustavo como cocinero
- ¿los muchachos deben cocinar o no?
- ¿…?

4 Las generalizaciones

Los personajes del cuento «El club de hombres» hacen varias generalizaciones. Lee las siguientes preguntas y las posibles respuestas. Recuerda que las generalizaciones son opiniones, así que las respuestas dependen de tu punto de vista. (En esta actividad, ¡no hay respuestas incorrectas!) Escoge la respuesta que en tu opinión es la más válida.

1. ¿Qué generalización hace Gustavo que le causa tantos problemas?
   a. que cocinar no es masculino
   b. que cocinar es sólo para las chicas
   c. que sus amigos se van a burlar de él si saben que le gusta cocinar

2. ¿Qué generalización hacen los muchachos?
   a. que siempre hay comida en la casa de Gustavo
   b. que la madre de Gustavo es la que siempre prepara toda la comida
   c. que no se puede disfrutar un partido de fútbol en la tele sin comida

3. ¿Qué generalización hace Olivia?
   a. que es fácil cocinar
   b. que es importante ayudar a los amigos
   c. que es importante no decirle la verdad a los amigos si se van a burlar de ti

4. ¿Qué generalización hace la abuela de Gustavo?
   a. que es importante comer bien
   b. que los chicos pueden aprender a cocinar
   c. que la comida es mágica

5. ¿Qué aprende Gustavo al final del cuento?
   a. que es mejor esconder las habilidades de uno
   b. que es mejor decir la verdad desde el principio
   c. que los amigos aprecian los talentos de uno

5 Párrafo o dibujo

Escoge una generalización de la Actividad 4. En un párrafo o por medio de un dibujo expresa tu opinión sobre esa generalización y trata de convencer a tus compañeros de clase que tú tienes la razón.

6 Los personajes

De todos los personajes del cuento «El club de hombres», ¿quién te gusta más? Decide cuál de los personajes sería un(a) buen(a) amigo(a). Explica en un párrafo por qué crees que ese personaje sería el(la) mejor amigo(a) de todos.

Un poco más...

La comida y los refranes

Hay muchos refranes en todas las culturas que tienen que ver con la comida. ¿Puedes interpretar los refranes de abajo? Primero escoge la traducción correcta del refrán. Luego explica en una breve oración el significado de cada refrán.

1. No sólo de pan vive el hombre.
2. Cuando hay hambre, no hay pan duro.
3. Quien lee y escribe, nunca pide pan.
4. Una manzana no se cae lejos de su árbol.
5. Si la vida te da limones, ¡haz limonada!

a. *He who is educated will never have to beg.*
b. *Where there is hunger, there is no such thing as stale bread.*
c. *An apple doesn't fall far from the tree.*
d. *If life offers you lemons, make lemonade.*
e. *Man does not live on bread alone.*

¡Ahora te toca a ti!

Escribe e ilustra con un dibujo tu propio refrán. Puede ser sobre alguna fruta o comida. ¡Sé creativo(a)!

MODELO   La cebolla no tiene muchos amigos.

1.

2.

3.

4.

Capítulo

9 *Antes de leer*

El Monstruo

Estrategia

El orden cronológico La mayoría de los textos cuentan la historia de los protagonistas en orden cronológico. Es decir, en el orden temporal en que ocurren los acontecimientos. De esta manera, el desarrollo del cuento imita la vida: primero pasa una cosa, luego otra, luego otra. Al leer un cuento, es importante notar el orden cronológico de los sucesos.

Actividad

En orden Hay ciertas palabras que ayudan al lector a descifrar el orden cronológico de un texto. De la lista de abajo, escoge solamente las palabras que tú crees pueden ayudar al lector a entender el orden cronológico de un texto. Pon esas palabras en la columna correcta del siguiente cuadro.

Secuencia temporal	Estaciones	En una semana	En un día
ahora	invierno	el sábado	por la mañana

ahora
después de
fin de semana
luego
sábado
calor
primero
desde
invierno
primavera
reloj

antes de
planes
juntos
verano
siempre
por la mañana
mal tiempo
lejos de
prisa
mañana
por la tarde

lugar
fiesta
por la noche
hoy
durante
otoño
a veces
por fin
más tarde
porque
el domingo

El Monstruo

No puedo creer que Verónica sea[1] mi hija. Yo soy muy organizado, todo en su lugar, un modelo de eficiencia. Si pones las cosas en el mismo lugar cada vez que las guardas (como las llaves o la ropa), entonces nunca perderás tiempo buscándolas. Es una teoría muy sencilla y muy fácil de poner en práctica. No sé por qué esta niña, heredera[2] de mi genética y de mis teorías, no puede mantener su cuarto en orden.

En el centro del cuarto de Verónica existe una pirámide de ropa sucia más alta que la Pirámide del Sol de Teotihuacán. No exagero. Es una monstruosidad. A veces parece que tiene vida propia. Algunos días el Monstruo (como lo hemos nombrado dentro de la familia, cariñosamente, claro) aparece en la sala o en el pasillo, pero su sitio favorito y el que más frecuenta es la habitación de Verónica.

Me dan ansias[3] cada vez que tengo que enfrentar al Monstruo. He tratado de convencer a Verónica que es mejor lavar la ropa y colgarla en vez de amontonarla[4]. Le he ofrecido ayuda, dinero, ropa nueva; le he rogado[5], la he amenazado[6], he usado todas las armas[7] de un padre desesperado, pero hasta la fecha, no he tenido éxito[8].

Anoche soñé que el Monstruo me perseguía, me amenazaba, me iba a consumir por completo. Me desperté gritando. «Esto ya no puede seguir», me dije a mí mismo, «Es absurdo que los hábitos malos y el desorden de una niña de quince años me quiten el sueño».

Resuelto, marcho al cuarto de Verónica. Miro al Monstruo fijamente, sin miedo y le digo a Verónica:

«Te voy a dar un ultimátum».

«¿Cómo?»

«Escucha bien porque no lo voy a repetir».

Aunque enfadada, parece prestar atención[9].

----

1 I can't believe Veronica is **2** heiress **3** I get anxious **4** pile it up **5** I've begged her
6 I've threatened her **7** weapons **8** I haven't been successful **9** to pay attention

«Te voy a dar dos días para que laves toda la ropa y la guardes. Tienes todo el día de hoy sábado y de mañana domingo. El lunes a las ocho de la mañana, si este montón de ropa todavía está aquí, lo voy a meter en bolsas de basura y llevarlo inmediatamente a *Goodwill*».

«¡Ay, papá! ¡Es demasiada ropa para lavar en dos días! ¡Tengo otras cosas que hacer!»

«No me importa. Les voy a decir a tu madre y a tu hermana que no pueden usar la lavadora este fin de semana. Tú tienes uso exclusivo. Así que, anda, levántate. Cuanto más pronto lo hagas, mejor será para ti».

Le di una mirada más al Monstruo para advertirle[1] de mi superioridad. Sentí un gran alivio. Por fin había tomado una decisión. Resolví no ir al cuarto de Verónica en todo el fin de semana. No iba a observar su progreso. No iba a recordarle, regañarla[2] o animarla[3]. Me prometí no regresar a esa parte de la casa hasta el lunes a las ocho.

Verónica saca notas extraordinarias. Pasa la vida estudiando. Por eso no entiendo este problema con la ropa. Desde chiquita exhibe un interés en las matemáticas y las ciencias. Sus proyectos para sus clases han llegado a competencias nacionales. Tiene el cerebro de un matemático o un científico; por alguna razón inexplicable, no impone[4] ese orden mental en sus alrededores[5] físicos.

No sé qué hacer. Quiero distraerme[6] del problema de Verónica. Decido salir a correr. Me gusta correr dos o tres millas los fines de semana. Pienso que es una actividad relajante y beneficiosa. Decido llamar a mi amigo Ricardo, quien a veces me acompaña a correr por la ciudad. Ricardo tiene una hija de la misma edad de Verónica. Podemos hablar mientras corremos.

«Oye, el cuarto de Delia, ¿lo mantiene limpio?»

«Uy, no. Es un desastre».

«¿Tú o María le dicen algo?»

¡Ay! Ya no sé qué hacer...

Vamos, ¡Ten paciencia!

Mientras lees

E. ¿Que ultimátum le da el padre a Verónica?

F. ¿Cómo es su hija?

G. ¿Qué hace el narrador para distraerse de su problema?

---

1 to warn him   **2** to scold her   **3** to encourage her   **4** she doesn't impose
5 surroundings   **6** to distract myself

Mientras lees

H. ¿De qué hablan los señores?

I. ¿Por qué motivo dice Ricardo que Verónica algún día va a ponerse a lavar su ropa?

J. ¿Cómo reacciona el señor Aguirre, el papá de Verónica y Olivia?

K. ¿Qué oye el señor Aguirre cuando llega a casa?

L. ¿Dónde está Verónica?

«No. Solamente si nos pide algo, como dinero para un concierto o permiso para quedarse fuera más tarde de lo normal. Entonces le decimos que puede hacer lo que quiera, con la condición de que limpie su cuarto. Claro que lo hace enseguida[1]».

«¿Así tan fácil?»

«Sí, más o menos. Y como nos pide algo dos o tres veces por mes, resulta que tiene que limpiar su cuarto dos o tres veces por mes. El resto del tiempo su cuarto parece una zona de guerra[2]».

«Verónica amontona su ropa sucia en medio de su cuarto. Creo que se pone los mismos jeans y la misma camiseta todos los días. No le gusta lavar su ropa. No sé qué hacer con ella».

«No te preocupes, hombre. Un día le va a importar tener ropa limpia y ese día es el día en que se pone a lavar».

«¿Ropa limpia? ¿Por qué motivo?»

«No seas cabeza dura[3], Jorge. El motivo siempre es un chico».

¡Uy! ¡Un chico! El Monstruo me parecía preferible a un chico. Mis niñas estaban creciendo muy rápido. En solamente dos años, Verónica va a estar en la universidad. No lo puedo creer. Todavía me acuerdo del día en que nació. Lo grabé todo en video. ¡Era una píldora[4]! ¡Y ahora me tengo que preocupar por los chicos!

Cuando llego a la casa, todo está muy quieto. No se oye nada y con eso quiero decir que no se oye el chirrido[5] de la lavadora. Es un silencio profundo. Necesito todos mis poderes de disciplina para no investigar. Decido darme un baño caliente. Mi esposa Nelda está leyendo en nuestra habitación.

«¿Cómo te fue?»

«Muy bien. ¿Dónde está Verónica?»

«Creo que está en la casa de su amigo Miguel».

«¿Miguel? ¿Quién es Miguel?»

«Por favor, Jorge. Miguel es su novio de este mes».

«¿De este mes?»

«Sí, Jorge. El del mes pasado se llamaba Ángel».

Ahora sí que estoy a punto de explotar, como un globo[6] al que le pusieron demasiado aire.

---

1 immediately   **2** war zone   **3** hard-headed   **4** pill (meaning very small)
5 screeching   **6** balloon

«Pero, ¡Verónica tiene mucha ropa que lavar!»

«Sí, Jorge, me prometió que lo haría[1] al regresar».

Bueno. Tiene hasta el lunes por la mañana. Todavía es sábado.
No hay por qué imaginar lo peor. Me baño y me voy a la oficina.
No quiero estar en la casa. Llego tarde a casa y duermo muy
bien. No hay Monstruos ni novios en mis sueños.

El domingo lo paso fuera de la casa para no tener que controlar
mis instintos de padre. Casi no puedo dormir esa noche. Quiero
que salga el sol para por fin poder ir al cuarto de Verónica. Suena el
despertador y brinco de la cama como un niño el día de Navidad.
Son las seis y media. Decido ducharme y preparar el desayuno
antes de satisfacer[2] mi curiosidad. ¡Qué día más lindo! La muerte[3]
del Monstruo, a costa de lo que sea.

El autobús de Verónica la recoge a las siete y media de la
mañana. Medio dormida, se come su cereal y se toma su leche.
Me da un beso en la mejilla[4] y se despide, todavía sonámbula[5].
Al cerrarse la puerta, brinco de la mesa y me dirijo a su cuarto.
Cuando abro la puerta, casi no lo puedo creer. ¡El Monstruo ha
crecido[6]! ¡Está más grande que nunca!

Yo cumplo[7] con mi promesa.
Voy directamente a la cocina a
coger una caja de bolsas de basura,
de esas grandes que se usan para
recoger las hojas[8] del jardín.
Sistemáticamente empiezo a poner
cada artículo de ropa en las bolsas.
No sé por qué, pero decido buscar
en los bolsillos[9] de los pantalones,
los shorts y las camisetas, por si
acaso Verónica ha dejado[10] algo
importante en ellos. Encuentro
un *diskette* con una etiqueta[11].
La etiqueta sólo dice «Miguel
Alvarado». Pongo el *diskette* en
el bolsillo de mi bata, y acabo con el Monstruo.

El Monstruo ahora no es nada más que cinco bolsas de basura
en el baúl[12] de mi carro.

Mientras lees

M. ¿Qué hace el señor
Aguirre el sábado?
¿el domingo? ¿el
lunes por la mañana?

N. ¿Qué encuentra el
señor Aguirre en el
cuarto de Verónica?

O. ¿Qué encuentra el
señor Aguirre en el
bolsillo de unos de los
pantalones de
Verónica?

P. ¿Dónde está el
Monstruo al final del
cuento?

1 would do it 2 before satisfying 3 death 4 cheek 5 sleepwalking 6 has grown
7 I fulfill 8 leaves 9 pockets 10 has left 11 label 12 trunk

Después de leer
Actividades

1 Trayectoria cronológica[1]

Haz una trayectoria cronológica del fin de semana del señor Aguirre.

El viernes	El sábado	El domingo
1.	1.	1.
	2.	2.
	3.	
	4.	
	5.	
	6.	

2 Cuento

Usando la trayectoria cronológica de la Actividad 1, cuéntale a tu compañero(a) la historia del señor Aguirre. Incluye los acontecimientos del lunes, el último día del cuento.

3 El Monstruo

Con un(a) compañero(a), dramaticen la situación en el dibujo. El papá de Verónica está examinando cada artículo de ropa uno por uno. Incluye todos los detalles de la ropa que puedas: el color, la tela, la talla[2] y el precio. ¿Cómo reacciona Verónica?

MODELO   **Sr. Aguirre:** ¡Ay, Verónica! ¿Por qué no lavas esta falda azul? Esta falda es de seda. ¡Es muy cara[3]!

Verónica: ¡Ay, papá! No me gusta esa falda. No me queda bien[4].

1 Timeline   2 size   3 expensive   4 it doesn't look good on me

4 ¡De compras!

Vas a ir de compras[1] con Verónica. Ella tiene que comprar ropa nueva porque su papá donó[2] toda su ropa usada a *Goodwill.* Primero haz una trayectoria cronológica de tu día con ella. Usa las siguientes ideas y palabras como: **primero, después, luego, más tarde** y **finalmente** para poner tu día de compras con Verónica en orden cronológico.

- ¿Adónde van de compras?
- ¿Cuántas tiendas visitan?
- ¿Qué compra Verónica?

- ¿Cuánto cuesta lo que compra Verónica?
- ¿Qué no compra Verónica? ¿Por que?
- ¿A qué hora regresan[3] a casa?

5 Mi día con Verónica

Ahora escribe una narración sobre tu día de compras con Verónica. Usa tu trayectoria cronológica de la Actividad 4. ¿Qué le gusta a Verónica? ¿Qué no le gusta? Expresa tus opiniones sobre la ropa que compra Verónica. Menciona precios, telas, tallas y colores. También compara algunos de los artículos de ropa.

6 La moda

Lo que está de moda[4] cambia todos los días. ¿Cómo es tu vestuario[5]? Completa el cuadro con descripciones de tus conjuntos[6] favoritos. Describe lo que te pones en situaciones formales (como un baile o una fiesta elegante), en situaciones informales (para ver la tele en la casa) y para el colegio. Luego haz un dibujo de los tres conjuntos o si no te gusta dibujar, escribe una breve descripción de ellos.

Situaciones formales	Situaciones informales	Para el colegio

1 shopping   **2** donated   **3** return   **4** what is fashionable   **5** wardrobe   **6** outfits

Un poco más...

1 Otro refrán

La mona, aunque se vista de seda, mona se queda.

¿Qué crees que quiere decir este refrán?

a. Clothes make the man.

b. You can't make a silk purse out of a sow's ear.

c. If it walks like a duck and talks like a duck, it is a duck.

d. None of the above.

2 Buscapalabras

Hay dieciséis artículos de ropa o accesorios escondidos en el buscapalabras de abajo. ¿Los puedes encontrar? Recuerda que pueden estar escritos de izquierda a derecha, de derecha a izquierda, de arriba hacia abajo, de abajo hacia arriba o en las dos direcciones diagonales.

```
O S A N D A L I A S B L U S
B A N D O D I T S E V E D C
R O V A J C O R B A T A A A
Z T U V E D L A F Z B M N M
A A H C I J A J L M I P A I
P U P O H T E E R S O Q R S
N C X A X A M U A B O N E E
O T U F T N Q B L E F G T T
R L S E D O H U I B A J S A
U H A A C K S M E N L P U T
T I J K T A L B M T D N E R
N G S E N O L A T N A P T A
I N T A B C B O Z R A S E J
C A L C E T I N E S P O R A
```

Capítulo

10 *Antes de leer*
¡No tengo nada que ponerme!

Estrategia

Comparación y contraste Al leer un texto, el lector frecuentemente hace comparaciones o contrastes entre sus experiencias y las experiencias de los personajes del cuento. De esta manera, el lector puede entender los motivos del personaje y puede determinar si está de acuerdo con las acciones del personaje o no.

Actividades

 Compara o contrasta Compara o contrasta las siguientes situaciones con situaciones de tu vida. En dos o tres oraciones, explica si tu experiencia es diferente o similar a la de Verónica.

1. Verónica cree que es fea, y para colmo de males, no le gusta su ropa.

2. Verónica quiere salir en una cita con su amigo Miguel, pero no sabe cómo sugerirlo.

3. Verónica perdió el *diskette* de Miguel y ahora cree que Miguel no va a querer salir con ella.

 En su lugar... Antes de leer el cuento, ponte en el lugar de Verónica. ¿Cómo crees que se siente ella en las situaciones de arriba? Escribe una o dos oraciones para cada situación.

¡No tengo nada que ponerme!

A. ¿Quién es la narradora del cuento?

B. ¿Qué le pasó a la narradora?

El día no empezó nada bien. Llegué tarde al colegio y se me olvidó traer el cuaderno con mi tarea de matemáticas. El profesor Matías aceptó mis mil perdones, pero comoquiera[1] me dio más tarea que a los demás. No dormí bien este fin de semana (otra historia)

así que me quedé dormida[2] en la clase de inglés y el profesor Walker me despertó cuando dejó caer un diccionario en mi pupitre. El ruido me asustó[3] y al despertar me pegué en la rodilla[4] con en el escritorio. Todos en la clase, casi se mueren de la risa[5].

Estoy lamentando mi situación de víctima cuando me encuentro con mi mejor amiga Laura en el pasillo.

«Hola, Vero. ¿Cómo andan las cosas?»

C. ¿Con quién se encuentra la narradora en el pasillo?

«Uy, no me preguntes. Apenas son[6] las diez y media de la mañana y ya he sobrevivido[7] dos desastres».

«¿Desastres?»

La pregunta (y el tono en que la hace) insinúa que no me cree o que no acepta mi caracterización de los dos incidentes que, para mí, no se pueden caracterizar de ninguna otra manera.

D. ¿Cómo caracteriza los dos incidentes?

«Sí, desastres».

Al estilo, Laura decide no pedir clarificaciones. Es mi mejor amiga, y la quiero como a una hermana, pero a veces su incapacidad para seguir un solo tema de conversación me desespera[8]. Veo que me quiere hacer otra pregunta.

«Oye, ¿qué pasó con Miguel? ¿Hablaste con él?»

El tema que más le interesa a Laura: los chicos.

«No, todavía no».

E. ¿Qué quiere saber la chica?

«Pues, ¿qué esperas, chica? ¡El baile es el fin de semana que viene! ¡Tenemos que hacer planes! ¡Necesitamos ir de compras!»

«Es verdad. No tengo nada que ponerme[9]».

1 anyway   2 I fell asleep   3 scared me   4 knee   5 almost died laughing   6 It's only
7 I have survived   8 exasperates me   9 I have nothing to wear

La situación con mi vestuario[1] se ha convertido en una verdadera batalla con mi padre. Es que él no entiende. Nada me queda bien. Crecí[2] demasiado rápido este año y no sé qué hacer. Me siento fea. Y la ropa que tengo me hace sentir aún más fea. Sólo me siento bien en mis jeans y mi camiseta. Pero no le puedo explicar esto a papá. Él insiste que su hija mayor es bellísima, ¿pero qué sabe él? ¡Es mi papá! Claro que me va a halagar[3].

«Sabes, leí un artículo en Internet precisamente sobre tu problema».

«¿De mi ropa?»

«No, no, no, de tu problema con Miguel».

Laura de las acrobacias mentales. Me cuesta seguir su línea de pensamiento.

«Clarifica, si me haces el favor».

«Pues, en el artículo, le preguntan a varios jóvenes si creen que es posible transformar una amistad en una relación romántica».

Tengo una larga historia con Miguel. Hemos sido amigos desde los siete u ocho años. Creo que él quiere seguir siendo amigos, pero por primera vez este año, yo he empezado a verlo de otra manera. Me interesaría salir en una cita[4] con él, pero no tengo ni la menor idea cómo sugerirlo. Es más fácil no decir nada. El problema ahora es que, en un momento de descuido[5], le conté a Laura de mi interés.

«Malas noticias, amiga. Los chicos que entrevistaron creen que es imposible; las chicas creen que sí es posible. Típico, ¿no? Nosotras, siempre las optimistas».

«No me sorprende».

La verdad es que no hay nada que pueda sorprenderme hoy, día infeliz desde el principio.

«Mira quién viene ahí. No te voltees[6]. Sigue hablando conmigo».

Los jueguitos sociales de Laura me cansan. Sin embargo, sigo sus instrucciones.

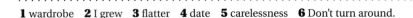

1 wardrobe   2 I grew   3 flatter   4 date   5 carelessness   6 Don't turn around.

Mientras lees

F. ¿Por qué no le gusta a Verónica su vestuario?

G. ¿De qué se trata el artículo en Internet que menciona Laura?

H. ¿Cuál es la historia entre Verónica y Miguel?

I. ¿Por qué le menciona Laura el artículo a Verónica?

J. ¿Cuáles son los resultados mencionados en el artículo?

Mientras lees

K. ¿Quién quiere hablar con Verónica?

L. ¿Qué quiere?

M. ¿Qué deciden?

N. ¿Por qué cambia de sabor el día de Verónica?

O. ¿Por qué crees que Laura le dice a Verónica que «el mundo es de los valientes» cuando ve a Miguel?

«El momento se ha presentado, amiga mía. El mundo es de los valientes».

Con eso, me da un beso[1] en la mejilla y se marcha con determinación, en un aire de misterio como una estrella de Hollywood, no simplemente como una chica de quince años en camino a la clase de matemáticas.

En ese momento llega Miguel. Al verlo siento una invasión de miles de sentimientos[2], y ninguno de ellos es valentía[3]. ¿Por qué siempre se desaparece Laura cuando más la necesito?

«Vero, el *diskette* que te di ayer, ¿lo tienes contigo?»

El *diskette*. ¿Cuál *diskette*? Examino desesperadamente los archivos de mi memoria de ayer y algo pequeño me molesta, como una hormiga[4] paseándose en mis chanclas[5].

«¿Cuál *diskette*, Miguel?»

«¿No te acuerdas? Tú ibas[6] a casa y yo iba a la casa de Gustavo para ver el partido de fútbol en la tele. Te pedí que me lo cuidaras. Está toda mi tarea de esta semana en ese *diskette*».

«Ah, ahora sí. Lo puse en el bolsillo de mis pantalones. Ven conmigo a casa después de las clases y lo buscamos. ¿Qué te parece?»

«Perfecto. Te espero enfrente del gimnasio».

Con eso se desapareció en la ola[7] de estudiantes en camino a la siguiente clase. A veces los momentos oportunos que presenta la vida parecen regalos. Sin tener que inventar un pretexto, esta misma tarde iba a tener la oportunidad de hablar con Miguel sobre… sobre… ¿sobre qué? El baile, nuestra relación, ¿la tarea? Oigo la voz de Laura diciéndome «el mundo es de los valientes» y el día amargo[8] por un segundo cambia de sabor.

Después de las clases, Miguel y yo caminamos lentamente a casa, riéndonos e intercambiando cuentos sin consecuencia del día en el colegio. Cuando llegamos a casa, los dos estamos de buen humor y con un poco de hambre. Pasamos a la cocina a ver qué hay de comer. Sirvo dos tazones de helado de chocolate y dejo a Miguel en la mesa para ir a mi cuarto a buscar su *diskette*.

1 a kiss **2** feelings **3** bravery **4** ant **5** sandals **6** you were going **7** wave **8** sour, bitter

Cuando abro la puerta de mi habitación me encuentro con algo totalmente inesperado y desconcertante: espacio en el piso para caminar. Empiezo a gritar. ¿Dónde diablos está mi montón de ropa? Empiezo a abrir cajones[1] y el clóset para ver si alguien lo ha movido[2] a algún otro sitio. Nada. Estoy en medio de un ataque de pánico cuando veo que Miguel está en el cuarto conmigo, observando lo que tienen que parecer las acciones de una deschavetada[3]. Poco después entra mamá.

«Verónica, ¿qué pasa? Vas a aterrorizar a todo el barrio con esos alaridos[4]».

Ultraconsciente de la presencia de Miguel, trato de recuperar mi equilibrio.

«Mamá, ¿dónde está mi ropa?»

«Esa discusión tiene que quedarse entre tú y tu papá».

Miguel, caballero que es, nota que ésta es una conversación que probablemente no debe escuchar. Muy calladito, trata de salir del cuarto. Le digo que por favor me espere en la cocina.

«Mamá. Por favor, tengo que saber ahora mismo».

«¿Qué te dijo tu papá?»

Es verdad que no siempre le pongo mucha atención a mi padre, pero esa amenaza[5] de llevar mi ropa a *Goodwill* no me pareció auténtica.

«¿*Goodwill*?»

«No hiciste[6] lo que te pidió[7], Verónica. Muy sencillo». Vi una mirada de compasión pasar por su cara cuando cerró la puerta detrás de ella.

Me senté en la cama para estudiar mi situación: el *diskette* de Miguel con su tarea de toda la semana, perdido[8], por mi culpa[9]. ¿Cómo me va a perdonar[10]? ¿Cómo le voy a explicar lo que pasó con su *diskette*? ¿Relación romántica? No va a querer ser mi amigo, mucho menos mi novio. Olvida[11] el baile, olvida la cita, ¡olvida todo! Menos mal[12], como no tengo nada que ponerme.

....
1 drawers   **2** has moved it   **3** madwoman   **4** shrieks   **5** threat   **5** lost   **6** you didn't do
7 what he asked you to do   **8** lost   **9** my fault   **10** to forgive   **11** Forget   **12** Just as well

Mientras lees

P. ¿Qué ve Verónica cuando entra a su cuarto?

Q. ¿Cómo reacciona?

R. ¿Quiénes vienen a ver lo que pasa?

S. ¿Adónde se va Miguel a esperar a Verónica?

T. ¿Qué piensa Verónica de su situación?

Después de leer
Actividades

1 ▸ ### El día de Verónica

Pon las siguientes oraciones en orden cronológico, según el cuento.

a. Verónica se duerme en la clase de inglés.

b. Verónica empieza a gritar cuando entra a su cuarto.

c. Verónica llega tarde al colegio.

d. Verónica se encuentra con su mejor amiga Laura.

e. Verónica se da cuenta que su papá llevó su ropa a *Goodwill*.

f. Verónica y Miguel deciden encontrarse después de las clases.

g. Verónica tiene que hacer más tarea que sus compañeros porque se le olvidó su tarea en casa.

h. Verónica y Miguel caminan lentamente a casa de Verónica.

2 ▸ ### Consejos

Imagina que Verónica es tu amiga. ¿Qué consejos le das en cada situación? Usa las ideas entre paréntesis o tus propias ideas para darle consejos prácticos a Verónica.

1. Verónica llega tarde a clase. (llegar a clase a tiempo)

2. A Verónica se le olvida la tarea en casa. (traer tu tarea al colegio)

3. Verónica se duerme en la clase de inglés. (dormir más en casa)

4. Verónica quiere salir con Miguel. (invitar a Miguel al baile)

5. El cuarto de Verónica es un desastre. (poner tu ropa en su lugar)

6. El padre de Verónica está enojado con ella. (hacer lo que te dice tu padre)

7. Verónica no tiene nada que ponerse. (comprar ropa nueva)

8. Verónica pierde el *diskette* de Miguel. (ir a *Goodwill* a buscar el *diskette* de Miguel)

3 ▸ ### Día infeliz

¿Alguna vez tuviste un día infeliz como el de Verónica? Escribe en una lista las cosas que te pasaron ese día. Puedes inventarlas o puedes describir un día verdadero. Incluye todos los detalles que puedas.

1. No llegué a tiempo al autobús y tuve que correr al colegio.
2.
3.

4 E-mail

Ahora escribe una descripción de tu día infeliz en un e-mail a tu mejor amigo(a). Usa el pretérito para describir lo que te pasó. Describe tu día de una manera cómica para entretener a tu amigo(a).

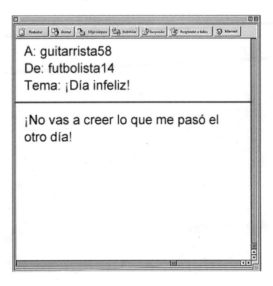

A: guitarrista58
De: futbolista14
Tema: ¡Día infeliz!

¡No vas a creer lo que me pasó el otro día!

5 Conversaciones

En parejas, escriban un diálogo sobre una de las siguientes situaciones. Dramaticen su conversación en frente de la clase.

- Tienes un(a) amigo(a) que te gusta mucho pero no sabes cómo decírselo.
- Perdiste algo importante de un(a) amigo(a) y no sabes qué hacer.
- Tu abuela y tú tienen una diferencia de opinión sobre algo importante.
- Quieres salir en una cita con un(a) chico(a), pero crees que él (ella) sólo quiere ser tu amigo(a).

Un poco más...

1 **El Día de los Enamorados**

Imagina que Miguel y Verónica son novios. ¿Qué crees que Miguel le diría[1] a Verónica en una tarjeta para el Día de los Enamorados? ¿Qué escribiría[2] ella? ¡Sé creativo(a)!

¡Te amo!

¡Feliz Día de los Enamorados!

Nota cultural

¿Sabías que...? El 14 de febrero, *Valentine's Day,* se conoce con diferentes nombres en el mundo hispano: el **Día de San Valentín,** el **Día de los Enamorados,** o el **Día del Amor y la Amistad.** La fecha de esta celebración varía de país a país, pero en todas partes donde se celebra, es un día para festejar[3] el amor. Por esa razón, se acostumbra intercambiar regalos tarjetas y flores para demostrar el cariño[4] que la gente siente por sus seres más queridos[5]: novios, esposos, familiares y amigos. Y tú, ¿en qué fecha celebras el Día de San Valentín?

....

1 would tell   **2** would write   **3** to celebrate   **4** affection   **5** loved ones

Capítulo

11 *Antes de leer*
¡Perdóname!

Capítulo 11
¡Perdóname! 92

Estrategia

La idea central La idea central de un texto es el mensaje, la opinión o la observación que el escritor quiere compartir con el lector. A lo largo del texto, el escritor da muchos detalles que apoyan o ilustran su idea central. Es importante como lector buscar e identificar esos detalles para poder comprender la idea central del escritor.

Actividad

El narrador El narrador de un cuento es el portavoz del escritor. Identifica al narrador o a la narradora de cada trozo y luego escoge la oración de la lista que más bien ilustra la idea central.

1. No puedo creer que Verónica sea mi hija. Yo soy muy organizado. No sé por qué esta niña, heredera de mi genética, no puede mantener su cuarto en orden.

2. A mí me gusta mucho cocinar, pero creo que mis compañeros de fútbol se van a burlar de mí si se enteran de mi pasión culinaria.

3. ¡No me parece justo! ¡Sólo quería hacer unas galletas para la venta de galletas para el Club de Drama! ¿Qué es lo malo de eso?

4. Esta misma tarde iba a tener la oportunidad de hablar con Miguel sobre… sobre… ¿sobre qué? El baile, nuestra relación, ¿la tarea? Oigo la voz de Laura diciéndome «el mundo es de los valientes» y el día amargo por un segundo cambia de sabor.

a. No cree que debe ser castigada.
b. No cree que sus compañeros puedan aceptar a un fubolista que cocina.
c. No entiende por qué su hija no es más organizada.
d. Cree que todo va a salir bien.

¡Perdóname[1]!

Fue una mentira pequeña, pequeñita, de ninguna importancia, de veras. Es decir, cuando la inventé me parecía minúscula, casi invisible, sin el poder de causarle daño[2] a nadie. Es lo que seguí pensando de mi pretexto inocente hasta el momento en que se convirtió[3] en un problema gigante.

Lo que pasó fue esto: Arnulfo y yo estábamos en el parque platicando[4] del baile del fin de semana próximo.

«Oye, Miguel, ¿a quién vas a invitar? ¿A Verónica?»

Todos mis compañeros en el equipo de fútbol sabían que yo recientemente había expresado mi interés romántico en Verónica. También sabían que Verónica y yo habíamos sido amigos desde niños y que yo no sabía cómo decirle a Verónica que mis sentimientos hacia ella habían cambiado.

«Es el momento oportuno, ¿no, amigo?»

«Sí, Arnulfo, tienes razón. Pero, ¿cómo lo hago? Necesito un poquito de tiempo con ella a solas, tú sabes, para armarme de valor[5]. Pero Laura siempre está a su lado».

«Fácil, mira. Cuando la veas, dale[6] algo que luego tengas que ir a su casa a recoger[7]».

«¿Cómo qué?»

«Pues pídele que te guarde algo de importancia. Así no le va a parecer raro que la quieras acompañar a casa a recogerlo».

Poco a poco se me estaba iluminando la belleza de su plan.

«Dile que quieres caminar a su casa en vez de ir en autobús, así aquella loca Laura no querrá acompañarlos».

«Arnulfo, ¡eres un genio! ¡Hombre, gracias!»

Sólo persistía el problema de qué cosa darle a Verónica. Después de un día entero rumiándolo[8], me decidí por el objeto perfecto: un *diskette*. Siempre hago mi tarea en computadora y la archivo en *diskette* antes de imprimirla[9]. Si voy rumbo a[10] otro sitio, como a la práctica de fútbol o a la casa de Gustavo, no le va a parecer raro a Vero si le pido que me cuide el diskette.

---

1 Forgive me!　**2** cause harm　**3** it became　**4** we were talking　**5** to get up the courage
6 give her　**7** to pick up　**8** pondering it　**9** printing it　**10** I'm on my way to

Todo fue conforme al plan. Estábamos estudiando juntos el domingo pasado en la biblioteca. Yo iba a la casa de Gustavo para ver un partido de fútbol. Ella regresaba a su casa. Saqué un *diskette* limpio de mi mochila, le puse una etiqueta con mi nombre y le pedí a Vero que me lo guardara[1]. Buena amiga que es, ella lo puso en su chaqueta sin preguntarme nada más.

No sabía que una chica de estatura mediana podía producir un ruido[2] tan alarmante. Pero en este momento Verónica lo está haciendo. Parece la alarma de un carro, ruidosa, persistente y sin fin. Entro a su cuarto para ver lo que le está pasando. Está buscando algo desesperadamente[3], en los cajones, en el clóset, por dondequiera. Por fin se da cuenta que estoy en el cuarto con ella. Me da una mirada de terror cuando entra su mamá. Está claro que tienen algo serio que discutir así que trato de retroceder[4] sin que me vean. Verónica me pide que la espere en la cocina.

En la cocina, trato de comerme el helado medio derretido[5] que me sirvió Verónica, pero no me apetece.

«¡Hola, Miguel!»

Es Olivia, hermanita de Verónica y Reina de las Travesuras[6]. No tengo mucha paciencia con ella.

«¿Sabes por qué está gritando Vero?»

«No, no lo sé».

«Yo sí».

Sé que a Olivia le gusta vender información importante así que trato de aparecer indiferente. Aparentemente, no tengo que disimular mucho porque Olivia no se puede aguantar[7].

«¡Papá llevó toda su ropa a *Goodwill*!» Empieza a reírse a carcajadas.

Siento un poco de alivio[8]. Por un momento creo que yo no tengo nada que ver[9] con los alaridos de Verónica.

Mientras lees

E. ¿Qué pasa en la casa de Verónica?

F. ¿Sabe Miguel por qué está gritando Verónica?

G. ¿Por qué dice Olivia que está gritando Verónica?

H. ¿Cómo se siente Miguel?

1 to hold on to it for me   2 noise   3 frantically   4 to retreat   5 half-melted
6 Queen of Pranks   7 she can't resist   8 relief   9 nothing to do

Capítulo 11   **93**

Olivia para de reírse. Algo se le ha ocurrido.

«¿Pero, sabes qué? Verónica odia[1] su ropa. ¡Debe de estar loca de gusto! No sé por qué está alterada».

Con eso se levanta de la mesa y sale al patio a jugar. La situación desesperada de su hermana pierde su atracción.

Si no es la pérdida[2] de la ropa entonces, ¿qué será?

En ese momento entra Verónica como loca a la cocina. Me agarra[3] del brazo y me pone de pie.

«Cálmate Verónica, tranquila. ¿Qué te pasa?»

«Pronto, tenemos que ir a *Goodwill.* Cierran a las seis. Si nos apuramos[4] podemos llegar antes de que cierren[5]».

Todo pasa muy rápido. En el autobús junto las fuerzas para preguntarle lo que no quiero saber, lo que ya sé muy bien en el fondo de mi corazón: que yo soy la única y sola causa de su angustia[6] y desesperación.

I. ¿Adónde quiere ir Verónica?

J. ¿Qué quiere saber Miguel?

«¿Por qué vamos a *Goodwill?*»

Una mirada de puro dolor pasa por su cara adorable.

«Me dijo tu hermana que tu papá llevó tu ropa allí. ¿Es por eso…?»

«No, no, no. Esa ropa no me importa[7]».

«¿Entonces?»

Parece que le duele[8] mucho decirme lo que me tiene que decir.

«Tu *diskette,* Miguel. Tu *diskette* con toda tu tarea. Está en el bolsillo de uno de los pantalones que papá llevó a *Goodwill*».

Ahora soy yo quien está incómodo[9]. No sé cómo voy a confesarle que ese *diskette* no vale nada. No hay nada archivado[10] en ese *diskette.* Ese

K. ¿Qué tiene que decirle Verónica a Miguel?

L. ¿Qué tiene que decirle Miguel a Verónica?

diskette no es nada más ni nada menos que un pretexto. Un pretexto para invitarla al baile del sábado.

Llegamos a *Goodwill* a tiempo y mientras Verónica examina bolsa tras bolsa de ropa usada, yo batallo con la voz de mi conciencia.

«Dile la verdad».

¡Me va a matar![11]»

- -

1 hates   **2** the loss   **3** she grabs   **4** if we hurry   **5** before they close   **6** anguish
7 doesn't matter   **8** it hurts her   **9** uncomfortable   **10** saved   **11** She's going to kill me!

«No importa. Le tienes que decir la verdad».

«¡No va a querer ir al baile conmigo! ¡Nunca jamás me querrá ver! ¡Mucho menos salir conmigo!»

«No tienes otro remedio[1]».

Estoy en medio de esta discusión interna cuando regresa Verónica a mi lado. Está decaída[2].

«Encontré[3] mi ropa. Pero no tu *diskette*».

Regresamos a su casa en silencio. Se presentan un millón de oportunidades de explicarle la verdad, de liberarla del dolor que siente por haber perdido mi *diskette*. Pero no encuentro las palabras. El silencio gana todas las batallas. Antes de entrar a su casa, voltea a decirme «Perdóname». Es la misma palabra que he mantenido en mis labios durante todo el viaje a su casa.

Nos encontramos[4] con el padre de Verónica en la cocina. Veo que Verónica quiere hablar con él a solas. Está muy enojada con él. Pero antes de que pueda abrir la boca, el señor Aguirre saca un *diskette* del bolsillo de su bata y se lo pasa a Verónica.

«No debes de dejar cosas importantes en tus bolsillos, hija. La lavadora se las puede comer».

Verónica se queda sin palabras. Su cuerpo se endereza con felicidad. Le da un gran abrazo a su padre y él, un poco perplejo[5], le dice que tienen que hablar luego.

«Buenas noches, Miguel».

«Buenas noches, señor Aguirre».

Verónica me estira el brazo para dirigirme hacia su computadora. Mete el *diskette* en la unidad de disco[6] y me mira sonriendo.

«No más para asegurar que tu tarea está intacta».

Voltea a la pantalla[7] y ve que no hay nada en el *diskette*, ni un solo archivo.

Ahora el «perdóname» me toca a mí.

---

1 alternative   **2** dejected   **3** I found   **4** we run into   **5** perplexed   **6** hard drive
7 screen

Después de leer
Actividades

1 ### ¿Cierto o falso?

Decide si las siguientes oraciones son ciertas o falsas. Si son falsas, corrígelas para que sean ciertas.

1. Miguel quiere invitar a Laura al baile del sábado.

2. Arnulfo le dice a Miguel que necesita inventar un pretexto para hablar con Verónica a solas.

3. Miguel decide darle un *diskette* a Verónica.

4. Verónica grita porque Olivia está en el clóset y la asusta.

5. Miguel y la mamá de Verónica entran al cuarto de Verónica para ver por qué está gritando.

6. Olivia le dice a Miguel que a Verónica le gusta mucho su ropa.

7. Verónica y Miguel van a *Goodwill* a buscar el *diskette* de Miguel.

8. El señor Aguirre tiene el *diskette* de Miguel.

9. El *diskette* contiene la tarea de Miguel.

2 ### ¿Adónde fueron y qué hicieron?

Di adónde fueron los siguientes personajes del cuento y di qué hicieron allí.

1. Miguel y Arnulfo	**3.** Olivia y Miguel	**5.** Olivia
2. Miguel	**4.** Verónica	**6.** Verónica y Miguel

comer helado   *Goodwill*   platicar sobre el baile   el patio

su cuarto   ver el partido de fútbol   parque   casa de Gustavo

cocina   buscar el *diskette*   jugar

3 Causas y efectos

En el Capítulo 6, aprendiste la estrategia de las causas y los efectos. Completa el siguiente cuadro con por lo menos seis causas y efectos que ocurrieron en este capítulo.

Causa	Efecto
1. Miguel le dice a Arnulfo que no sabe cómo hablar a solas con Verónica.	1. Arnulfo le da una idea a Miguel.
2.	2.
3.	3.
4.	4.
5.	5.
6.	6.

4 Te invito...

Escribe un diálogo entre Verónica y Miguel que ocurre al principio del capítulo. Verónica quiere invitar a Miguel al baile del sábado y Miguel quiere invitar a Verónica, pero no saben cómo hacerlo. Con un(a) compañero(a), dramatiza la situación para la clase.

VERÓNICA   Hola Miguel, ¡qué bueno que te veo!

MIGUEL   Hola Verónica, justamente la persona con quien necesito hablar…

VERÓNICA   _____

MIGUEL   _____

VERÓNICA   _____

5 ¿Cómo te sientes?

Ahora escribe un diálogo entre Verónica y Miguel que ocurre al final de este capítulo. ¿Cómo se siente Verónica cuando se da cuenta que no hay nada en el *diskette*? ¿Cómo se siente Miguel cuando se da cuenta que Verónica también quiere salir con él? ¿Cómo termina el cuento entre Verónica y Miguel— ¿están enojados, contentos, felices, avergonzados? Dramatiza la situación para la clase con un(a) compañero(a).

Un poco más...

1 ¿Cómo se sienten?

¿Cómo crees que se sienten estos jóvenes? ¿Por qué piensas que se sienten así?

1.

2.

3.

4.

2 Composición: ¡Me siento horrible! ¡Me siento en la gloria!

enojado   preocupado   feliz   molesto

nervioso   mal   perezoso   decaído

animado   aburrido   bien   perplejo

Escribe una composición desde el punto de vista de uno de los personajes de los Capítulos 7–11. ¿Cómo te sientes? ¿Cómo se sienten los demás? ¿Por qué? ¿Qué les pasó hoy? Sé creativo(a) y usa los detalles del cuento si quieres.

12 *Antes de leer*
El clavel pisoteado

Estrategia

Elementos literarios Para apreciar un texto, es importante reconocer los elementos literarios que usa el autor. Algunos elementos literarios son: **la caracterización, el tema, el conflicto, el clímax, el desenlace, el punto de vista, el ambiente** y **el diálogo,** entre otros.

Actividades

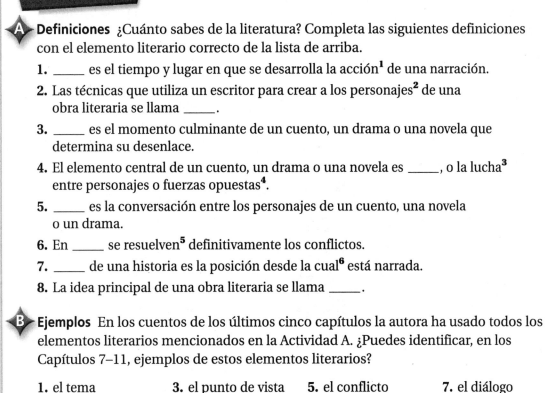

A **Definiciones** ¿Cuánto sabes de la literatura? Completa las siguientes definiciones con el elemento literario correcto de la lista de arriba.

1. _____ es el tiempo y lugar en que se desarrolla la acción[1] de una narración.

2. Las técnicas que utiliza un escritor para crear a los personajes[2] de una obra literaria se llama _____.

3. _____ es el momento culminante de un cuento, un drama o una novela que determina su desenlace.

4. El elemento central de un cuento, un drama o una novela es _____, o la lucha[3] entre personajes o fuerzas opuestas[4].

5. _____ es la conversación entre los personajes de un cuento, una novela o un drama.

6. En _____ se resuelven[5] definitivamente los conflictos.

7. _____ de una historia es la posición desde la cual[6] está narrada.

8. La idea principal de una obra literaria se llama _____.

B **Ejemplos** En los cuentos de los últimos cinco capítulos la autora ha usado todos los elementos literarios mencionados en la Actividad A. ¿Puedes identificar, en los Capítulos 7–11, ejemplos de estos elementos literarios?

1. el tema	**3.** el punto de vista	**5.** el conflicto	**7.** el diálogo
2. la caracterización	**4.** el ambiente	**6.** el desenlace	**8.** el clímax

- -

1 the action takes place **2** characters **3** struggle **4** opposing forces **5** are resolved **6** from which

Mientras lees

A. ¿Quién es la narradora del cuento?

B. Según la narradora, ¿en quienes se centra la historia?

C. ¿Con qué obra famosa compara esta historia?

D. ¿Cómo explica la narradora el *diskette* sin archivos?

El clavel pisoteado[1]

Ay, no, mi vida es como una telenovela, de veras: llena de drama, villanos, caos y malentendidos[2]. En realidad la historia se centra en mi mejor amiga Verónica y su querido amigo, Miguel. Es la versión moderna de Romeo y Julieta: dos personas que se quieren mucho pero no pueden encontrar la manera de unirse. Desgraciadamente[3], yo fui asignada el papel de la villana.

Todo empezó inocentemente, el martes por la mañana.

Verónica y yo estamos hablando del desastre con el *diskette* de la noche anterior.

«¿Por qué me dio un *diskette* para cuidar que no contenía ni un solo archivo? No lo entiendo para nada».

«¿Cómo te lo explicó?»

«No dijo[4] nada. Se fue corriendo cuando mi papá metió la cabeza para recordarme que era noche de escuela».

«Pues, yo creo que es mejor interpretar sus acciones de una manera positiva».

«Sí, claro, estoy de acuerdo, pero, ¿cómo?»

Uno de mis talentos es pintar la historia como más me convenga[5]. Es un don[6] que he utilizado en más de una ocasión.

«Pues, quizás usó el *diskette* como un pretexto…»

«¿Pretexto? ¿Para qué?»

Una vez que le doy cuerda[7] a una idea, es casi imposible ponerle freno[8].

«Ay, Verónica. Tienes una imaginación romántica verdaderamente anémica. Un pretexto para verte *a solas*[9]».

«¿A solas? ¿Para qué?»

Verónica a veces me desespera. Cuando tiene que ver con las ciencias o las matemáticas, entiende inmediatamente las teorías

---

1 The Trampled Carnation   **2** misunderstandings   **3** Unfortunately   **4** He didn't say
5 however it suits me   **6** talent, gift   **7** wind up   **8** put the brakes on   **9** alone

más complicadas y abstractas. Pero cuando tiene que ver con un chico (no puede haber una criatura más simple), las conclusiones más obvias la eluden[1].

«Quizás te quería invitar al baile».

La mirada de sorpresa, confusión y comprensión que invadió su cara me hizo gracia[2].

«Ay, Verónica. No es la teoría de la relatividad. Es la ciencia del corazón[3]».

«¿De veras? ¿Crees que me quiere invitar al baile?»

«Estoy cien por ciento[4] segura».

«Pues, ¿qué voy a hacer?»

Ésta es la pregunta que desen-cadena[5] la tragicomedia de proporciones Shakesperianas.

«Vas a escribirle una nota anóni-ma. Escríbela por computadora, así no podrá reconocer tu letra[6]».

«¿Y qué voy a decirle en la nota?»

«Que te encuentre[7] en el baile. Tú serás la chica con el clavel rojo».

«¿Por qué anónima?»

«Para darle un aire de misterio.

Ay, Vero, a veces parece que vives en otro planeta. No hay chico vivo a quien no le intrigue[8] una nota misteriosa. Irá[9] al baile sin pensarlo dos veces».

«¿Por qué un clavel rojo?»

«Cambia la flor si quieres. Es solamente una forma de identificación».

«¿Cómo le voy a entregar la nota?»

«Yo se la voy a entregar. Temprano, antes de las clases, voy a meterla en una ranura[10] de su lóquer».

«No sé. Tengo mis dudas[11]».

«Por Dios, chica, es martes. El baile es el sábado. Tienes que actuar pronto».

Por fin la convencí. Esa noche me dio una nota anónima para entregarle a un señor Miguel Alvarado, valiente en el campo de fútbol, cobarde en el campo del romance.

Tempranito la mañana siguiente llego al colegio antes que nadie, o es lo que creo cuando meto la nota en el lóquer de Miguel.

1 elude her   2 amused me   3 heart   4 one hundred percent   5 triggers
6 handwriting   7 To meet you   8 who wouldn't be intrigued by   9 He will go
10 slot   11 I have my doubts

E. Según Laura, ¿qué debe hacer Verónica?

F. ¿Por qué dice Laura que la nota debe ser anónima?

G. ¿Cuál flor menciona Laura?

H. ¿Quién va a entregar la nota?

I. Según Laura, ¿la ve alguien meter la nota en el lóquer de Miguel?

Mientras lees

J. ¿Con quién se encuentran las chicas?

K. ¿Adónde dicen que van los chicos?

L. ¿Cree Laura que van allí? ¿Por qué cree o no cree que van adónde dicen?

M. ¿Cómo pasaron la tarde las chicas?

N. ¿Qué le da Verónica a Laura mientras ella va al baño peinarse?

Por la tarde, Verónica y yo estamos caminando por el patio de recreo cuando nos encontramos con Arnulfo y Miguel. Le estoy diciendo a Verónica que entregué[1] la carta sin problema. Verónica se queda paralizada cuando ve a Miguel. Me toca a mí quebrar el silencio.

«Hola, Miguel, Arnulfo. ¿Cómo les va?»

Los dos parecen estar nerviosos.

«Pues, más o menos bien, Laura».

Con esa respuesta tibia[2], tratan de escaparse. No tan fácil, chicos. Están tratando con[3] una profesional.

«¿Van a ir al baile?»

Se miran uno al otro con algo semejante[4] al terror. Por fin, Arnulfo responde.

«Sí, pues sí, pero no podemos hablar ahora porque llegamos tarde a la práctica de fútbol».

Con eso, agarra el brazo de Miguel y lo tira en la dirección opuesta[5] al campo de fútbol. Les grito desde la distancia:

«Arnulfo, Miguel, el campo está por acá[6]». Les señalo, pero fingen[7] no verme.

«Aquí hay algo sospechoso[8], muy sospechoso».

Cuando volteo a ver a Verónica, está en un estado de *shock*.

«¿Qué te pasa, Vero? Parece que viste un fantasma».

«Tu plan falló[9], Laura. ¿No viste cómo Miguel no me quiso ni mirar? ¡Qué horror! No sé por qué te hago caso».

«Ay, Verónica, ¡qué exagerada eres! Tranquila, todo va a salir bien, cuenta conmigo».

Pasamos el resto de la tarde buscándole un vestido apropiado para el baile, algo que hiciera juego con[10] el clavel rojo.

Cuando llegamos al baile, Verónica estaba muy nerviosa. Me pidió que le tuviera[11] el clavel mientras iba al baño para peinarse una vez más. Mientras la esperaba[12], llegaron Arnulfo y Miguel juntos. Cuando vio Miguel el clavel en mi mano, se le cayó la cara al suelo.

---

1 I delivered **2** lukewarm **3** dealing with **4** resembling **5** opposite **6** this way
7 pretend **8** suspicious **9** failed **10** that would go with **11** she asked me to hold
for her **12** while I was waiting for her

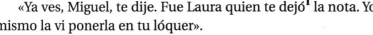

«Ya ves, Miguel, te dije. Fue Laura quien te dejó[1] la nota. Yo mismo la vi ponerla en tu lóquer».

Antes de que tuviera tiempo de aclarar la situación, Verónica aparece a mi lado. Ve que Miguel está molesto[2] y en vez de enfrentar la situación, se va corriendo hacia la salida[3].

«¡Verónica! ¡Ten tu clavel! ¡No te vayas[4] sin tu clavel!»

Al oír esto, la tormenta en la cara de Miguel se convierte milagrosamente[5] en un solazo[6] brillante.

«¿Ella? ¿Verónica es la del clavel?»

«Sí, tonto, anda, síguela[7], llévale el clavel».

Le tiro el clavel y empieza a correr como si estuviera corriendo para hacer el *touchdown* ganador. Se queda Arnulfo a mi lado.

«¿Entonces no era tuya la nota?»

«No, no, era de Verónica. La entregué por ella porque sería típico de Verónica tener una crisis de confianza al último momento».

«Ah, pues fue mi error, entonces. Como yo te vi[8] meterla al lóquer de Miguel, le dije que tenía que ser de ti».

«Y cuando me vio[9] con el clavel, se confirmó tu sospecha. Qué complicada es la vida, ¿no crees?»

En ese momento, vi que Miguel y Verónica estaban bailando completamente felices, en otro mundo, como si no hubiera ninguna otra persona en todo el edificio, como si nunca hubieran pasado por los dolores del primer amor.

«¿Quieres bailar?»

«Sí, Arnulfo, ¿por qué no?»

Salimos a la pista de baile[10] y sentí algo debajo de mi zapato. Bajé la mirada para ver que era: un clavel pisoteado.

Mientras lees

O. ¿Por qué cree Miguel que Laura es quien escribió la nota?

P. ¿Qué hace Verónica cuando ve que Miguel está molesto?

Q. ¿Cómo aclara la situación Laura?

R. ¿Quién sigue a Verónica?

S. ¿Es un final feliz? ¿Por qué?

---

1 left **2** upset **3** exit **4** Don't leave **5** miraculously **6** sunshine **7** follow her
8 I saw you **9** he saw me **10** dance floor

Capítulo 12 **103**

Después de leer
Actividades

1 Enriquece[1] tu vocabulario

Haz una lista de las palabras del cuento que ya sabes y una de las que no sabes. Luego trata de adivinar lo que quieren decir las palabras que no sabes, según el contexto en que se usan en el cuento. Busca las palabras desconocidas en el diccionario para ver si adivinaste[2] bien o mal.

Palabras conocidas	Palabras desconocidas	Yo pienso que quiere decir...	Diccionario

2 Laura

Imagina que conociste[3] a Laura por primera vez al otro día[4] del baile. Escribe la conversación que tendrías[5] con ella. Puedes presentarte y preguntarle lo que quieras[6]. Recuerda la crisis que ella acaba de pasar con Verónica y Miguel. ¡Sé lo más creativo(a) posible!

Yo	¡Hola! ¿Cómo te va?
Laura	Pues bien, ahora, pero…
Yo	_____
Laura	_____
Yo	_____
Laura	_____
Yo	_____
Laura	_____
Yo	_____
Laura	_____

---

1 Enrich   **2** if you guessed   **3** that you met   **4** the day after   **5** that you would have   **6** whatever you want

La caracterización

En el caso de la **caracterización directa,** el escritor cuenta directamente a los lectores cómo es un personaje. Pero es más frecuente que el escritor revele el carácter[1] de un personaje por medio de[2] la **caracterización indirecta,** que incluye las técnicas siguientes:

- mostrar al personaje en acción
- utilizar las palabras del personaje en el diálogo
- describir la apariencia física del personaje

- revelar pensamientos[3] y sentimientos del personaje
- mostrar las reacciones de otras personas al personaje

Escoge[4] uno de los personajes sobre los que has leído en los últimos seis capítulos. Busca[5] una descripción de ese personaje que sea[6] ejemplo de la **caracterización directa e indirecta.** ¿Qué técnicas usó la autora?

El punto de vista[7]

En el punto de vista de la primera persona, un personaje narra la historia con sus propias[8] palabras y se incluye a sí mismo[9] en el relato. Los últimos seis capítulos que leíste están escritos desde el punto de vista de la primera persona.

Escribe un breve párrafo que describa el conflicto central del narrador o de la narradora de cada capítulo, según[10] su punto de vista.

1. Capítulo 7: Sinvergüenza (Olivia)
2. Capítulo 8: El club de hombres (Gustavo)
3. Capítulo 9: El Monstruo (Sr. Aguirre)
4. Capítulo 10: ¡No tengo nada que ponerme! (Verónica)
5. Capítulo 11: ¡Perdóname! (Miguel)
6. Capítulo 12: El clavel pisoteado (Laura)

Análisis de texto

Escoge una de las lecturas mencionadas en la Actividad 4 y luego contesta las siguientes preguntas.

1. ¿Cuál crees que es el tema? ¿Por qué crees eso?
2. ¿Cuál es el clímax? ¿Dónde y cuándo ocurre?
3. ¿Cuál es el desenlace?

---

1 personality   **2** through, by means of   **3** thoughts   **4** Choose   **5** Look for   **6** that is   **7** Point of view
8 own   **9** includes himself or herself   **10** according to

Un poco más...

1 ¡Ahora tú eres escritor(a)!

Ahora puedes escribir tu propio cuento. Sigue los pasos siguientes y tendrás los ingredientes para hacerlo.

1. **El tema** ¿Cuál es el tema de tu cuento? Escoge un tema que te interese personalmente. Por ejemplo, si tú crees que los jóvenes deben tener más libertades, escoge un tema que exprese ese sentimiento.

2. **El ambiente** ¿Cuál es el tiempo y lugar en que se desarrolla la acción de la narración?

3. **Los personajes** Inventa de dos a cuatro personajes que ilustren tu tema de una manera cómica o interesante. Para cada personaje, decide las siguientes características:
   - nombre, edad, nacionalidad
   - gustos y disgustos
   - características físicas y de personalidad
   - detalles importantes de su historia

4. **Conflictos** Decide cuál es el conflicto central del cuento. ¿De quién es el conflicto? ¿Es un conflicto interno (la lucha tiene lugar dentro de la mente de un personaje) o un conflicto externo (un personaje lucha con otra persona, un grupo o una fuerza de la naturaleza)?

5. **El punto de vista** ¿El punto de vista de cuál personaje va a ilustrar el conflicto central de la manera más interesante? Escoge el personaje que va a ser tu narrador o narradora.

6. **El clímax** ¿Dónde y cuándo ocurre el momento culminante del cuento que determina su desenlace? Escoge una situación en la cual el clímax puede ocurrir de una manera muy dramática. (Por ejemplo, el baile en el Capítulo 12 tiene muchas posibilidades dramáticas.)

7. **El desenlace** ¿Dónde y cómo se resuelve definitivamente el conflicto central del cuento?

8. **El diálogo** Ahora escribe un diálogo entre algunos de tus personajes que sirva para presentar la situación básica del conflicto central de tu cuento. (Por ejemplo, la conversación entre Laura y Verónica en el Capítulo 12 sobre la nota anónima presenta la situación que causa el malentendido entre Miguel y Verónica.)

Glosario

Respuestas

Agradecimientos

Glosario

a *to, at, in order to;*
a base de *based on;*
a continuación *below,*
following; **a costa de** *at*
the expense of; **a**
escondidas *in hiding,*
secretly; **a lo largo**
throughout; **a los siete**
años *at the age of*
seven; **a medida que**
as, while; **a punto de**
about to; **¿a qué hora?**
at what time?; **a solas**
alone; **a tiempo** *on*
time; **a través de**
through; **a veces** *some-*
times
abajo *below*
el **abanico** *fan*
el **abrazo** *hug*
abrir *to open;* **abriendo**
opening
absorto/a *absorbed*
abstracto/a *abstract*
la **abuela** *grandmother*
el **abuelo** *grandfather*
la **abundancia** *abundance*
aburrido/a *boring, bored*
aburrirse *to get bored*
acá *here*
acabar *to finish;* **acabar**
de *to have just*
aceptar *to accept*
acercarse *to approach*
aclarar *to clarify*
acomodarse *to make*
oneself comfortable
acompañar *to accompany*

el **acontecimiento** *event*
acordarse de *to*
remember
la **acrobacia** *acrobatics*
la **actitud** *attitude*
la **actividad** *activity*
actuar *to act*
acuático/a *aquatic*
adecuado/a *adequate*
adelante *ahead; go on!*
además *besides;* **además**
de *in addition to*
adivinar *to guess;*
adivinaste
administrado/a
administered
la **admiración** *admiration*
el **admirador,** la
admiradora *admirer*
admitir *to admit*
adónde *where*
advertir *to warn*
el **aficionado,** la **aficionada**
fan
afuera *outside*
agarrar *to grab*
agosto *August*
agrio/a *sour*
el **agua** *water*
el **agua dulce** *fresh water*
el **aguafiestas,** la **agua-**
fiestas *party pooper*
aguantar *to put up with,*
to resist
el **águila** *eagle*
ahí *there*
ahora *now;* **ahora**
mismo *right now*
ahorrar *to save*
el **aire** *air;* **al aire libre**
outdoors

al *to the, on, when*
el **ala** (pl. las **alas**) *wing*
el **alarido** *shriek*
alarmante *alarming*
la **alcachofa** *artichoke*
la **alegría** *happiness*
Alemania *Germany*
algo *something*
algún/alguno/a *some*
algunos, algunas *some*
(people)
la **alianza** *alliance*
el **alivio** *relief*
allí *there*
el **alma** *soul*
el **almuerzo** *lunch*
almuerzo (inf. **almorzar**)
I eat lunch
alquilar *to rent*
alrededor *around*
los **alrededores**
surroundings
alterado/a *upset*
alto/a *tall, loud*
el **aluminio** *aluminum;* **de**
aluminio *(made of)*
aluminum
alzar *to raise, to lift*
amargo/a *sour, bitter*
el **ambiente** *setting,*
environment
ambos/as *both*
la **amenaza** *threat*
amenazar *to threaten;*
he amenazado *I have*
threatened; **me**
amenzaba *he/she/it*
was threatening me
la **amistad** *friendship*
las **amistades** *friends*
amistoso/a *friendly*

amontonar *to pile up*
el **amor** *love*
el **ancho** *width;* **de ancho** *wide*
andar *to go, to walk;* **anda** *go!;* **andar en bicicleta** *to ride a bike*
anémico/a *anemic*
la **angustia** *anguish*
animado/a *animated, excited*
animar *to encourage;* **anímate** *get going! cheer up!*
el **aniversario** *anniversary*
anónimo/a *anonymous*
anotar *to make a note of, to jot down*
la **ansia** *anxiety;* **me dan ansias** *I get anxious*
los **anteojos** *glasses*
anterior *previous*
antes de *before*
antipático/a *mean, disagreeable*
el **antojito** *appetizer*
el **anuncio** *advertisement, announcement*
el **año** *year*
apaciguar *to pacify*
apagar *to turn off*
el **aparato** *gadget, apparatus*
aparecer *to appear*
aparentemente *apparently*
la **apariencia** *appearance*
el **apellido** *last name*
apenas *barely;* **apenas son** *it's only*
apetecer *to sound good, to appeal to*
aplicar *to apply*
el **apodo** *nickname*
apoyar *to support*

apreciar *to appreciate*
aprender *to learn*
apropiado/a *appropriate*
aprovechar *to take advantage of*
apurarse *to hurry up*
aquí *here*
el **árbol** *tree*
archivado/a *saved*
archivar *to file*
el **archivo** *file*
la **arena** *sand*
arenoso/a *sandy*
el **arma** *weapon*
armar *to start, to arm;* **estaba armando un escándalo** *he/she was kicking up a fuss;* **armarme de valor** *to get up the courage*
el **armario** *closet*
arqueológico/a *archaeological*
arriba *above*
el **arroz** *rice*
arruinar *to ruin*
el **artículo** *article*
el **artista,** la **artista** *artist*
artístico/a *artistic*
asegurar *to assure*
así *like that;* **así que** *therefore*
asignado/a *assigned*
el **aspecto** *appearance*
la **aspiradora** *vacuum cleaner;* **pasar la aspiradora** *to vacuum*
astuto/a *clever*
asustar *to scare;* **me asustó** *he/she/it scared me*
atacar *to attack*
el **ataque** *attack*
la **atención** *attention*

aterrorizar *to terrify*
el **atleta,** la **atleta** *athlete*
atraer *to attract*
atrapado/a *trapped*
aunque *even though*
auténtico/a *authentic*
el **autobús** *bus*
el **autor** *author*
la **aventura** *adventure*
avergonzado/a *embarrassed*
averiguar *to find out*
la **ayuda** *help*
ayudar *to help*

la **bahía** *bay*
bailar *to dance;* **bailaron** *they danced;* **están bailando** *they are dancing*
el **baile** *dance*
bajar *to go down, to lower*
la **banda** *band*
bañarse *to bathe*
el **baño** *bath, bathroom;* **darse un baño** *to take a bath*
el **barril** *barrel*
el **barrio** *neighborhood*
básico/a *basic*
la **basura** *trash*
el **basurero** *trashcan*
la **bata** *robe*
la **batalla** *battle*
batallar *to battle*
el **baúl** *trunk*
el **bebé** *baby*
la **bebida** *beverage*
la **belleza** *beauty*

bello/a *beautiful, handsome*
beneficioso/a *beneficial*
el **beso** *kiss*
la **biblioteca** *library*
la **bicicleta** *bicycle*
bien *well, good*
bienvenido/a *welcome*
blanco/a *white*
la **boca** *mouth*
el **bocadillo** *sandwich*
la **boda** *wedding*
la **bolsa** *bag*
el **bolsillo** *pocket*
borrar *to erase*
el **bosque** *forest, woods*
la **botana** *snack*
la **botella** *bottle*
el **brazo** *arm*
breve *brief*
brillante *brilliant*
brincar *to hop*
la **brisa** *breeze*
el **buceo** *scuba diving*
buen *good;* **el buen humor** *good mood*
buena suerte *good luck!*
bueno/a *good*
burlarse *to make fun of*
buscar *to look for;* **busca** *look for;* **buscándolos(las)** *looking for them;* **está buscando** *is looking for*

el **caballero** *gentleman*
el **caballo** *horse*
la **cabeza** *head*
cabeza dura *hard-headed*
el **cacahuate** *peanut*
cada *each*

caer *to fall;* **dejar caer** *to let drop*
caerse *to fall*
la **caja** *box*
el **cajón** *drawer*
la **calculadora** *calculator*
el **calendario** *calendar*
calentar *to heat up, to warm*
caliente *hot*
callado/a *quiet, silent;* **calladito** *very quiet*
cállate *shut up!*
la **calle** *street*
calmadamente *calmly*
cálmate *calm down*
el **calor** *heat*
caluroso/a *warm*
la **cama** *bed*
el **camarón** *shrimp*
cambiar *to change;* **cambiarás** *you will change;* **habían cambiado** *they/you (pl.) had changed*
caminar *to walk*
la **camiseta** *T-shirt*
el **campo** *field, country*
el **canario** *canary*
la **cantidad** *amount, quantity*
el **caos** *chaos*
la **capital** *capital*
capturar *to capture*
la **cara** *face*
el **carácter** *the personality*
la **caracterización** *characterization*
la **carcajada** *guffaw*
el **Caribe** *Caribbean*
caribeño/a *Caribbean*
el **cariño** *affection*
cariñoso/a *affectionate*
la **carne** *meat*
caro/a *expensive*

la **carrera** *career*
el **carro** *car*
la **carta** *letter*
las **cartas** *cards*
el **cartel** *poster*
la **casa** *house*
casi *almost*
castigar *to punish;* **castigaron** *they punished;* **resulté castigado** *I ended up being punished*
el **castigo** *punishment*
la **categoría** *category*
la **causa** *cause*
causar *to cause*
la **cebolla** *onion*
celebrar *to celebrate;* **(que) celebre** *(that) celebrates*
el **censo** *census*
el **centavo** *cent*
centellando *sparkling, blinking*
centrarse *to be centered*
el **centro** *center*
el **centro comercial** *mall*
centroamericano/a *Central American*
el **cerebro** *brain*
cerrar *to close;* **antes de que cierren** *before they close;* **cerró** *he/she/it closed*
el **certificado** *certificate*
la **chancla** *sandal*
el **chantaje** *blackmail*
chantajear *to blackmail*
la **chaqueta** *jacket*
la **chica** *girl*
el **chico** *boy*
chino/a *Chinese*
el **chiquito,** la **chiquita** *kid, child*

el **chismoso,** la **chismosa** *gossip*
el **ciclismo** *cycling*
cien *one hundred*
la **ciencia** *science*
el **científico,** la **científica** *scientist*
cierto/a *certain*
el **cine** *movies, movie theater*
el **circo** *circus*
la **cita** *date, appointment*
la **ciudad** *city*
el **ciudadano,** la **ciudadana** *citizen*
clarificar *to clarify*
claro *clearly, of course*
la **clase** *class, type*
el **clavel** *carnation*
el **clima** *climate, weather*
el **clímax** *climax*
el **cobarde,** la **cobarde** *coward*
la **cocina** *kitchen*
cocinar *to cook*
el **cocinero,** la **cocinera** *cook*
coger *to take*
el **colegio** *high school*
colgar *to hang up*
colmo *height, epitome;* **para colmo de males** *to cap it all*
colocar *to place;* **ha colocado** *he/she has placed*
el **comal** *dish for baking tortillas*
comer *to eat*
cómico/a *funny*
la **comida** *food*
como *like*
cómo *how;* **¿Cómo es...?** *What's . . . like?*
cómodo/a *comfortable*
comoquiera *anyway*

el **compañero,** la **compañera** *companion, friend*
la **compañía** *company*
la **comparación** *comparison*
comparar *to compare*
compartir *to share*
la **compasión** *compassion*
la **competencia** *competition*
competir *to compete*
complicado/a *complicated*
complicarse *to become complicated*
el **cómplice,** la **cómplice** *accomplice*
el **comportamiento** *behavior*
comprar *to buy;* **compró** *he/she bought*
comprobar *to check, to verify*
común *common*
la **comunidad** *community*
con *with;* **con ese fin** *with that purpose;* **¿Con relación a que?** *About what?*
la **conciencia** *conscience*
el **concierto** *concert*
la **conclusión** *conclusion*
el **concurso** *contest*
conéctate *get connected!*
el **conejo** *rabbit*
la **conexión** *connection*
confesar *to confess*
la **confianza** *confidence*
confiar *to confide, to trust;* **confiaron** *they/you* (pl.) *trusted*
confirmar *to confirm*
el **conflicto** *conflict*
conforme a *according to*
el **conjunto** *ensemble, whole, outfit, collection*

conmigo *with me*
conocer *to know, to meet, to be familiar with;* **conocerás** *you will know, you will meet;* **conociste** *you met*
el **conocimiento** *knowledge*
conquistar *to conquer*
consciente *aware*
el **consejo** *council, advice*
conservar *to conserve*
consolar *to console*
consumir *to consume, eat;* **(que) consuman** *that they/you* (pl.) *eat*
contar *to tell, to relate, to count;* **contar con** *to count on;* **le conté** *I told him/her*
contener *to contain*
contestar *to answer*
contiene (inf. **contener**) *contains*
continúa (inf. **continuar**) *continue!*
contrario/a *opposite*
convencer *to convince;* **traten de convencerse** *try to convince each other*
convencido/a *convinced*
convenir *to suit;* **como me convenga** *as it suits me*
la **conversación** *conversation*
convertirse *to become, to turn into;* **se ha convertido** *has become;* **se convirtió** *he/she/it became*
el **coraje** *courage*
el **corazón** *heart*
cordial *friendly*

corebac *quarterback*
(a loanword)

corregir *to correct*

correr *to run;* **como si estuviera corriendo** *as though he/she/it were running*

la **cortesía** *courtesy, politeness*

corto/a *short*

costar *to cost*

creado/a *created*

crear *to create*

la **creatividad** *creativity*

crecer *to grow;* **crecí** *I grew;* **están creciendo** *they are growing;* **ha crecido** *he/she/it has grown;* **sigue creciendo** *he/she/it keeps growing*

creer *to think, to believe;* **creo que no** *I don't think so;* **no lo puedo creer** *I can't believe it*

creíble *credible, believable*

la **criatura** *creature*

el **crimen** *crime*

la **crisis** *crisis*

el **crucero** *cruise (ship)*

la **Cruz Roja** *Red Cross*

el **cuaderno** *notebook*

el **cuadro** *painting, square, chart*

cuál *which one*

el **cual, la cual** *which*

cualquier *any*

cuando *when*

cuándo *when?*

cuánto *how much?*

cuarenta *forty*

el **cuarto** *room*

cuenta (inf. **contar**) *he/she/it tells, (you) tell;* **¿Qué le cuenta?** *What does he/she tell him/her?*

el **cuento** *story*

la **cuerda** *rope;* **darle cuerda a algo** *to wind something up*

el **cuerpo** *body*

cuesta (inf. **costar**) *costs*

cuidadosamente *carefully*

cuidar *to take care of*

culminante *culminating*

la **culpa** *fault*

el **cumpleaños** *birthday*

cumplir *to turn, to fulfill;* **cumple quince años** *he/she turns 15;* **cumpliendo** *keeping or fulfilling one's word or obligations*

la **curiosidad** *curiosity*

dañino/a *harmful*

el **daño** *harm*

dar *to give;* **dale** *give him/her;* **dar de comer** *to feed;* **¡Date prisa!** *Hurry up!*

darse cuenta *to realize*

de *from, of;* **de acuerdo** *agreed;* **de repente** *suddenly;* **de todos modos** *anyway;* **de veras** *really*

debajo de *beneath, under*

deber *to owe;* **debes** *you must, you should;* **se debe a** *it is owed to*

decaído/a *dejected*

decidir *to decide;* **decidieron** *they decided*

decir *to say, to tell*

la **declaración** *statement*

decorar *to decorate*

dedicado/a *dedicated*

el **dedo del pie** *toe*

la **defensa** *defense*

definitivamente *definitively*

dejar *to leave, to let;* **déjame** *let me;* **dejó** *he/she let, left;* **ha dejado** *she has left;* **(que) haya dejado** *that he/she/it has left, that I have left*

del *of the*

los **demás** *the others*

demasiado/a *too much*

den (inf. **dar**) *give! (pl.)*

dentro de *inside*

el **deporte** *sport*

la **derecha** *right*

derivado/a *derived*

derretido/a *melted*

derretirse *to melt;* **(que) se derrita** *for it to melt*

desaparecer *to disappear;* **desapareció** *disappeared*

desarrollarse *to develop*

el **desarrollo** *development*

el **desastre** *disaster*

el **desayuno** *breakfast*

el **descanso** *break*

el **deschavetado, la descha- vetada** *madperson*

descifrar *to decipher*

desconcertante *disconcerting*

desconectado/a *disconnected*

desconocido/a *unknown*

describir *to describe*

la **descripción** *description*

descubrir *to discover*

el **descuento** *discount*

el **descuido** *carelessness*

desde *from, since*

desencadenar *to trigger, to unleash*

desenfrenado/a *unbridled*

el **desenlace** *outcome, resolution*

desesperadamente *frantically*

desesperado/a *desperate*

desesperar *to exasperate, to annoy*

desgraciadamente *unfortunately*

desilusionar *to disappoint;* **los desilusioné** *I disappointed them*

desobedecer *to disobey;* **has desobedecido** *you have disobeyed*

la **desolación** *desolation*

desorganizado/a *messy*

desparramado/a *spread*

despedirse *to say goodbye*

el **despertador** *alarm clock;* **poner el despertador** *to set the alarm clock*

despertarse *to wake up;* **me desperté** *I woke up;* **me despertó** *he/she/it woke me up*

después de *after*

el **destino** *destination, destiny*

el **detalle** *detail*

determinar *to determine*

detrás de *behind, after*

di (inf. **dar**) *I gave*

di (inf. **decir**) *(you) tell*

día *day;* **al otro día** *the day after, next day*

el **diablo** *devil*

el **diálogo** *dialogue*

dibujar *to draw*

dice (inf. **decir**) *he/she says*

dicho (inf. **decir**): **has dicho** *you have said*

difícil *difficult*

la **dificultad** *difficulty*

diga (inf. **decir**): **que yo le diga** *that I tell you*

dije (inf. **decir**) *I said*

dijo (inf. **decir**) *he/she said*

dile (inf. **decir**) *tell him/her*

dime (inf. **decir**) *tell me*

el **dinero** *money*

dio (inf. **dar**) *he/she/it gave*

Dios *God*

la **dirección** *address*

el **director,** la **directora** *director, principal*

diría (inf. **decir**) *I/he/she would say*

dirían (inf. **decir**) *they/you (pl.) would say*

dirigirse *to head for*

disculparse *to apologize*

las **disculpas** *apologies, excuses*

discutir *to discuss*

diseñar *to draw, to design*

disfrutar *to enjoy*

el **disgusto** *dislike*

disimular *to act indifferently, to pretend*

disminuyendo *diminishing*

la **distancia** *distance*

distinto/a *distinct, different*

distraer *to distract*

disuadir *to dissuade*

la **diversión** *fun*

divertido/a *fun*

divertirse *to have fun;* **diviértete** *have fun!;* **me divertí** *I had fun*

dividir *to divide*

doler *to hurt*

el **dolor** *pain*

el **domingo** *Sunday*

el **don** *gift, talent*

donar *to donate;* **donó** *he/she donated*

dónde *where?*

dondequiera *everywhere, anywhere*

dormido/a *asleep*

dormir *to sleep;* **dormí** *I slept;* **me quedé dormido/a** *I fell asleep;* **se durmió** *he/she fell asleep*

doy cuerda *I wind up*

ducharse *to shower*

la **duda** *doubt*

duele (inf. **doler**) *hurts;* **le duele** *it hurts him/her*

dulce *sweet*

durante *during*

duro/a *hard*

echar *to throw (away)*

la **ecología** *ecology*

ecuatoriano/a *Ecuadorean*

la **edad** *age*

el **edificio** *building*

el **efecto** *effect*

la **eficiencia** *efficiency*

el **ejemplo** *example*

el **ejercicio** *exercise*

la **elección** *election*

electrónico/a *electronic*

el **elefante** *elephant*

eludir *to elude, to escape*

emitir *to emit*

emocionante *exciting*
empañado/a *fogged*
empezar *to begin;*
   empezó *he/she/it*
   began; **he empezado**
   I have started
el **empleado, la empleada**
   employee
en *in, on, at;* **en cambio**
   on the other hand; **en**
   camino *on the way to;*
   en frente de *in front*
   of; **en medio de** *in the*
   middle of; **en punto**
   on the dot; **en vez de**
   instead of
el **enamorado,** la
   enamorada *person in*
   love
encima de *on top of*
encontrar *to find*
encontrarse *to meet up;*
   se encontró *he/she met*
   up; **(que) te encuentre**
   to meet you
la **encuesta** *survey*
el **encuestador,** la
   encuestadora *pollster*
enderezarse *to straighten*
   up
el **enemigo** *enemy*
enfadado/a *upset*
enfático/a *emphatic*
enfrentar *to confront*
engañoso/a *deceptive*
enhorabuena *congratu-*
   lations
enojado/a *angry, mad*
enojarse *to get angry;* **se**
   enojaron *they got angry*
enorme *enormous*
la **enormidad** *enormity*
enriquecer *to enrich;*
   enriquece *enrich*

el **ensayo** *essay*
enseguida *immediately*
enseñar *to teach, to show*
ensuciar *to get dirty;*
   ensució *he/she got dirty*
entender *to understand*
entendido/a *understood*
enterarse *to find out, to*
   hear about
entero/a *entire*
entonces *then*
entrar *to enter*
entre *between, among*
entregar *to deliver, to*
   hand in
entretener *to entertain*
el **entretenimiento**
   entertainment
la **entrevista** *interview*
entrevistar *to interview;*
   entrevistaron *they/you*
   (pl.) interviewed
enviar *to send*
el **episodio** *episode*
el **equilibrio** *balance*
el **equipo** *team*
equivocado/a *mistaken*
el **error** *mistake;* **fue mi**
   error *it was my mistake*
esa *that*
el **escándalo** *noise, fuss,*
   scandal
escaparse *to escape*
escoger *to choose;* **escoge**
   choose
esconder *to hide*
el **escondite** *hide-and-seek*
escribir *to write;* **escribe**
   (you) write; **escribiría**
   I/he/she would write
escrito/a *written*
el **escritor,** la **escritora**
   writer
el **escritorio** *desk*

escuchar *to listen;*
   escúchelo(la) *listen to*
   him/her/it!
la **escuela** *school*
ese *that*
eso *that*
el **espacio** *space*
la **espalda** *back*
espantar *to terrify*
especial *special*
las **especias** *spices*
espectacular *spectacular*
el **espectador** *spectator*
la **esperanza** *hope*
esperar *to wait for, to*
   hope; **mientras la**
   esperaba *while I was*
   waiting for her
la **esposa** *wife*
la **espuma** *foam*
el **esquí acuático** *water*
   skiing
esquiar *to ski*
la **estación** *season*
el **estado** *state*
los **Estados Unidos** *United*
   States
estadounidense *of the*
   United States
estar *to be;* **aunque esté**
   even if I am
estar de acuerdo
   to agree
la **estatura** *stature, height*
el **este** *east*
este/a *this*
éste/a *this*
el **estilo** *style*
estirar *to stretch, to pull*
estoy *I am*
la **estrategia** *strategy*
la **estrella** *star*
el **estrés** *stress*
estricto/a *strict*

el **estudiante,** la **estudiante**
student
estudiantil *pertaining to*
students
el **estudio** *study*
la **estufa** *stove*
estupendo/a *stupendous,*
great
la **etiqueta** *label*
el **evento** *event*
la **evidencia** *evidence*
exagerado/a *exaggerated*
excepto *except*
exclusivamente *exclusively*
exhibir *to exhibit, to show*
existir *to exist*
el **éxito** *success;* **no he**
tenido éxito *I haven't*
been successful
el **experto,** la **experta**
expert
explicar *to explain*
explotar *to explode*
la **exportación** *export*
expresar *to express;* **que**
exprese *that expresses*
exprésate *express*
yourself!
expresivo/a *expressive*
extenderse *to extend*
oneself
externo/a *external*
extrañar *to miss*
el **extraterrestre** *alien*

la **facilidad** *ease, easiness*
la **falda** *skirt*
fallar *to fail*
la **falta** *flaw, lack*
la **familia** *family*
el **familiar** *relative*

el **fantasma** *ghost*
fascinante *fascinating*
el **favor** *favor*
la **fecha** *date*
la **felicidad** *happiness*
felicidades *congratu-*
lations!
feliz *happy*
feo/a *ugly*
feroz *ferocious*
festejar *to celebrate*
ficticio/a *fictitious*
fiel *faithful*
la **fiesta** *party*
fijamente *intently*
el **fin** *end;* el **fin de semana**
weekend
el **financiero,** la **financiera**
financier
fingir *to pretend*
físico/a *physical*
la **flor** *flower*
el **folleto** *brochure*
el **fondo** *bottom*
formar *to form;* **he**
formado *I have formed*
el **francés** *French*
frecuentemente *frequently*
el **freno** *brake*
el **frijol** *bean*
la **fruta** *fruit*
fue (inf. **ser**) *he/she/it was*
fuerte *strong*
la **fuerza** *strength, force*
funcionar *to function*
furioso/a *furious*
el **fútbol** *soccer*
el **futbolista,** la **futbolista**
soccer player

el **gabinete** *cabinet*

la **galería** *gallery*
la **galleta** *cookie*
ganador/a *winning*
el **ganador,** la **ganadora**
winner
ganar *to win, to earn*
la **genética** *genetics*
el **genio** *genius*
la **gente** *people*
gentil *charming*
el **gigante** *giant*
el **gimnasio** *gymnasium*
el **globo** *balloon*
el **gol** *goal*
el **golpe** *blow;* el **golpecito**
little blow; el **golpetazo**
final blow
la **goma de borrar** *eraser*
gordo/a *fat, huge*
grabar *to record;* **grabé**
I recorded
gran *great*
grande *big*
gratuito/a *free*
grave *serious*
Grecia *Greece*
gritar *to shout;* **gritando**
screaming
el **grito** *shout*
el **grupo** *group*
guapo/a *handsome,*
goodlooking
el **guardabosques** *game*
warden, forest ranger
guardar *to put away, to*
keep; **para que lo**
guardes *so you can put*
it away; **(que) me lo**
guardara *that he/she*
would hold onto/keep it
(for me); **guardaré** *I*
will keep
la **guayaba** *guava*
la **guerra** *war*

la **guía turística** *tourist guide*
gustar *to like someone or something;* **me gusta...** *I like . . .*
el **gusto** *taste*

la **habilidad** *ability, skill*
la **habitación** *room*
el **habitante,** la **habitante** *inhabitant*
hablar *to talk;* **hablaste** *you spoke;* **no se están hablando** *they are not speaking to each other;*
hacer *to do, to make;* **está haciendo** *he/she is doing;* **estamos haciendo** *we are doing*
hacer gracia *to amuse*
hacer las paces *to make up*
hacerle caso a alguien *to pay attention to someone*
hacerse amigos *to become friends*
hacia *toward*
haga (inf. **hacer**) *do*
halagar *to flatter*
el **hambre** *hunger*
hambriento/a *hungry, starving*
harías (inf. **hacer**) *you would do;* **lo haría** *he/she would do it*
hasta *to, up to, even;* **hasta la fecha** *up 'til now*
hay (inf. **haber**) *there is, there are;* **hay que...** *one must . . .*

haz (inf. **hacer**) *make, do*
el **hecho** *fact*
hecho/a *made, done*
el **helado** *ice cream*
la **heredera** *heiress*
el **heredero** *heir*
la **hermana** *sister*
el **hermano** *brother*
los **hermanos** *brothers, brothers and sisters*
hermoso/a *beautiful*
hiciera (inf. **hacer**): **que hiciera juego** *that would go with*
hicieron (inf. **hacer**) *you (pl.)/they made*
hiciste (inf. **hacer**) *you did*
la **hija** *daughter*
el **hijo** *son*
el **hilo** *thread*
histérico/a *hysterical;* **no te pongas histérica** *don't get hysterical*
la **historia** *history*
hizo (inf. **hacer**) *made;* **me hizo gracia** *he/she/it amused me*
la **hoja** *sheet, leaf*
el **hombre** *man*
el **hombro** *shoulder*
hondo/a *deep*
honrado/a *honorable, honest*
la **hora** *hour, (clock) time*
la **hormiga** *ant*
el **horno** *oven*
hoy *today*
el **hoyo** *hole*
hubiera (inf. **haber**) *I would have*
huela (inf. **oler**): **que huela a** *that hints of*
huelo (inf. **oler**) *I smell*
los **humanos** *human beings*

el **huracán** *hurricane*

iba (inf. **ir**) *I/he/she/it was going;* **ibas** *you were going*
identificar *to identify*
igual *equal, the same*
ilustrar *to illustrate;* **que ilustre** *that illustrates*
imaginarse *to imagine;* **imagínate** *imagine!*
imaginativo/a *imaginative*
imitar *to imitate*
imponer *to impose*
importar *to matter;* **no me importa** *I don't care, it doesn't matter*
impresionante *impressive*
imprimir *to print*
la **incapacidad** *lack of ability*
el **incendio** *fire*
incluir *to include*
incluye *includes*
incómodo/a *uncomfortable*
incorrectamente *incorrectly*
incrédulo/a *incredulous, disbelieving*
incriminatorio/a *incriminating*
indicar *to indicate*
el **indígena,** la **indígena** *indigenous person*
inesperado/a *unexpected*
inexplicable *unexplainable*
infeliz *unhappy*
la **infinidad** *infinity*

la **inflexibilidad** *inflexibility*
el **ingrediente** *ingredient*
el **inocente,** la **inocente** *innocent;* **no te hagas la inocente** *don't play dumb*
la **inquietud** *uneasiness, worry*
inscribirse *to join, to enroll*
la **inscripción** *enrollment, membership*
insinuar *to insinuate*
insistir *to insist*
el **instinto** *instinct*
insultar *to insult*
intacto/a *intact, undisturbed*
intensamente *intensely*
intercambiar *to exchange*
interesar *to interest;* **me interesaría** *I would be interested;* **que te interese** *that interests you*
interno/a *internal*
la **interpretación** *interpretation*
interpretar *to interpret*
interrogar *to question*
la **intranquilidad** *restlessness*
intrigar *to intrigue;* **intrigaría** *would be intrigued;* **a quien no le intrigue** *who wouldn't be intrigued by*
invadir *to invade*
inventar *to invent;* **inventé** *I invented*
investigar *to investigate;* **investiga** *(you) investigate*
el **invierno** *winter*
la **invitación** *invitation*
el **invitado,** la **invitada** *guest*

invitar *to invite*
ir *to go;* **irá** *he/she/it will go;* **ir de compras** *to go shopping*
irse *to leave*
la **izquierda** *left*

el **jabón** *soap*
jamás *never*
el **jardín** *garden, yard*
la **jaula** *cage*
el **jefe** *boss*
el **joven,** la **joven** *young person*
el **juego** *game;* el **jueguito** *little game;* **hacer juego** *to match, to go with;* **hiciera juego** *that would go with*
el **jugador,** la **jugadora** *player*
jugar *to play;* **jugar al escondite** *to play hide-and-seek*
junio *June*
juntarse *to get together*
junto/a *together with*
jurar *to swear*
la **justicia** *justice*
justo/a *fair*

el **kínder** *kindergarten*

los **labios** *lips*

el **lado** *side*
ladrar *to bark*
el **ladrido** *bark*
lamentar *to lament;* **estoy lamentando** *I am lamenting*
la **lámpara** *lamp*
el **lápiz** *pencil*
largo/a *long*
la **lata** *can*
la **lavadora** *washing machine*
el **lavamanos** *washbowl, sink*
el **lavaplatos** *dishwasher*
lavar *to wash;* **para que laves** *so you can wash;* **ponerse a lavar** *get busy washing*
leal *loyal*
la **lección** *lesson*
la **leche** *milk*
el **lector,** la **lectora** *reader*
la **lectura** *reading*
leer *to read;* **está leyendo** *is reading*
lejos de *far from*
lentamente *slowly*
lento/a *slow*
el **león** *lion*
la **letra** *letter, handwriting*
levantarse *to get up;* **levántate** *(you) get up!*
Líbano *Lebanon*
liberar *to free*
la **libertad** *liberty, freedom*
el **libro** *book*
el **líder** *leader*
el **limón** *lemon*
la **limpieza** *cleaning*
limpio/a *clean*
lindo/a *pretty*
la **línea** *line*
el **lío** *trouble, mess*

la **lista** *list*
listo/a *clever*
literario/a *literary*
la **llamada** *call*
llamar *to call;* **llámalo(la)** *(you) call him/her*
la **llave** *key*
llegar *to arrive;* **llegué** *I arrived;* **llegó** *he/she/it arrived*
lleno/a *full;* **ser lleno** *to be filled*
llevar *to take, to carry, to wear;* **llevó** *he/she took*
llover *to rain;* **está lloviendo a cántaros** *it's raining cats and dogs*
la **lluvia** *rain*
lo que *what, that;* **lo que sea** *whatever;* **lo que ya sabes** *what you already know;* **todo lo que salga mal** *everything that comes out wrong*
localizado/a *located*
loco/a *crazy*
lograr *to manage to*
la **lucha** *struggle, fight*
luego *then, later*
el **lugar** *place*
la **luz** (pl. las **luces**) *light*

la **madre** *mother*
la **magia** *magic*
mal *bad;* el **mal humor** *bad temper*
malentender *to misunderstand;* **no me**

malentiendan *don't misunderstand me*
el **malentendido** *misunderstanding*
malo/a *bad*
la **mamá** *mother, mom*
la **manera** *manner, way*
manipular *to manipulate*
la **mano** *hand*
mantener *to maintain;* **he mantenido** *I have maintained*
la **manzana** *apple*
mañana *tomorrow*
la **mañana** *morning*
la **máquina** *machine*
la **maravilla** *wonder*
maravilloso/a *marvelous*
marcado *marked*
marchar *to march*
marcharse *to leave*
el **martes** *Tuesday*
marzo *March*
más o menos *more or less, so-so*
más tarde *later*
más vale tarde que nunca *better late than never*
la **masa** *dough*
la **mascota** *pet*
matar *to kill*
las **matemáticas** *math*
el **matemático,** la **matemática** *mathematician*
materno/a *maternal*
matutino/a *of the morning*
mayor *older*
la **mayoría** *majority*
mediano/a *medium*
la **medida** *measurement*
medio/a *half*

el **medio** *means*
la **mejilla** *cheek*
mejor *better, best*
mejorarse *to get better;* **mejórate** *(you) get well!*
la **memoria** *memory*
mencionado/a *mentioned*
menear *to stir*
menor *less, least, younger*
menos mal *just as well*
el **mensaje** *message*
la **mentira** *lie*
el **mes** *month*
la **mesa** *table*
meter *to put in*
meterse en líos *to get in trouble*
midiendo (inf. **medir**) *measuring*
el **miedo** *fear*
mientras *while*
mil *one thousand*
milagrosamente *miraculously*
la **milla** *mile*
millón *million*
mínimo/a *tiny*
minúsculo/a *miniscule, tiny*
el **minuto** *minute*
mío/a *my, mine*
la **mirada** *look;* **una mirada amenazadora** *a threatening look*
mirar *to look at, to watch;* **mirando** *watching;* **mira este mugrero** *look at this filthy mess*
mismo/a *same*
el **misterio** *mystery*
la **mitad** *half*
la **mochila** *backpack*
la **moda** *fashion;* **de moda** *fashionable*

moderno/a *modern*

el **modo** *way, mode*

molestar *to bother*

molesto/a *upset, bothered*

la **mona** *female monkey*

el **monstruo** *monster*

la **monstruosidad** *monstrosity*

la **montaña** *mountain*

montar en bicicleta *to ride a bike*

el **montón** *pile*

mostrar *to show*

el **motivo** *motive*

el **motoesquí** *jet-ski*

mover *to move;* **lo ha movido** *has moved it*

la **muchacha** *girl*

el **muchacho** *boy*

mueren (inf. **morirse**) **se mueren de la risa** *they die laughing*

la **muerte** *death*

muéstrale (inf. **mostrar**) *show him/her*

mueve (inf. **mover**) *it moves*

el **mugrero** *mess, grime*

la **mujer** *woman*

el **mundo** *world*

el **museo** *museum*

la **música** *music*

nacer *to be born;* **¿De dónde nace?** *Where does it come from?;* **nació** *he/she/it was born*

nada *nothing*

nada que ver *nothing to do (with)*

nadar *to swim*

nadie *no one*

la **nariz** *nose*

la **narración** *narrative*

el **narrador,** la **narradora** *narrator*

la **natación** *swimming*

la **naturaleza** *nature*

la **nave espacial** *spaceship*

la **Navidad** *Christmas*

necesitar *to need;* **¿Necesitas...?** *Do you need . . . ?*

negociar *to make a deal*

negro/a *black*

los **nervios** *nerves*

nervioso/a *nervous*

ni *not even, nor*

el **nido** *nest*

ningún/ninguna *no, none*

la **niña** *girl*

el **niño** *boy*

la **noche** *night*

nocturno/a *nocturnal, of the night*

el **nombre** *name*

el **norte** *north*

nosotros/as *we*

la **nota** *note, grade*

notar *to note*

la **noticia** *news*

la **novedad** *novelty*

la **novela** *novel*

la **novia** *girlfriend*

el **novio** *boyfriend*

nuestro/a *our*

nuevo/a *new*

el **número** *number*

nunca *never*

nutritivo/a *nutritious*

o *or*

el **objeto** *object*

la **obra** *work (of art)*

obvio/a *obvious*

la **ocasión** *occasion*

ocupar *to occupy*

ocurrir *to happen, to occur;* **algo se le ha ocurrido** *something (an idea) has occurred to him/her*

la **oda** *ode*

odiar *to hate*

el **oeste** *west*

ofrecer *to offer;* **he ofrecido** *I have offered*

oír *to hear*

ojalá *hopefully*

el **ojo** *eye*

la **ola** *wave*

oler *to smell*

la **olla** *pot*

el **olor** *odor, smell*

olvidar(se) *to forget;* **olvidó** *he/she forgot*

la **opinión** *opinion*

la **oportunidad** *opportunity*

oportuno *timely, appropriate*

opuesto/a *opposing, opposite*

la **oración** *sentence*

el **orden** *order*

la **oreja** *ear*

organizado/a *organized*

el **otoño** *autumn*

otra vez *again*

otro/a *other*

el **OVNI** *UFO*

oye (inf. **oir**) *he/she/it hears, (you) listen!*

la **paciencia** *patience*
paciente *patient*
los **padres** *parents*
pagar *to pay;* **¿Me pagas...?** *Will you pay me. . .?*
la **página** *page*
el **país** *country*
el **pájaro** *bird*
la **palabra** *word;* **palabra compuesta** *compound word*
el **pan** *bread*
la **pantalla** *screen*
los **pantalones** *pants*
el **papá** *dad, father*
el **papel** *paper, role*
para *for, to, in order to, by*
el **paracaídas** *parachute*
el **parachoques** *bumper*
el **paraguas** *umbrella*
el **paraíso** *paradise*
paralizado/a *paralyzed*
parar *to stop*
el **parasol** *sunshade*
parecer *to seem;* **parecía** *he/she/it seemed;* **¡No me parece justo!** *It's not fair!*
parecerse a *to look like, to resemble*
la **pareja** *pair, couple*
el **párrafo** *paragraph*
participar *to participate*
el **partido** *game, match*
el **pasado** *past*
pasado/a *past, last*

pasar *to spend (time), to pass, to happen;* **está pasando** *is happening;* **estoy pasando** *I am spending (time);* **he pasado** *I have spent (time);* **hubieran pasado** *they would have passed;* **lo que pasó** *what happened;* **que pasaron** *that happened*
el **pasatiempo** *pastime*
pasearse *to walk around*
el **pasillo** *hall*
el **paso** *step;* **paso por paso** *step by step*
la **pastelería** *pastry shop*
la **pausa** *pause*
la **paz** *peace*
el **pedazo** *piece*
pedir *to ask for;* **pedí** *I asked;* **pediste** *you asked*
pegar *to hit;* **me pegué** *I hit myself*
peinarse *to comb one's hair*
el **pelapapas** *potato peeler*
pelear *to fight;* **están peleando** *they are fighting*
pelearse *to fight each other;* **(que) se vayan a pelear** *that they might fight*
la **película** *movie, film*
el **peligro** *danger*
peligroso/a *dangerous*
pelirrojo/a *redheaded*
la **pelota** *ball;* **la pelotita** *little ball*
la **pena de muerte** *death penalty*

el **pensamiento** *thought*
pensar *to think;* **seguí pensando** *I kept thinking*
peor *worse;* **lo peor** *the worst*
pequeño/a *small, little;* **pequeñito** *tiny*
perder *to lose, to miss;* **haber perdido** *having lost;* **he perdido** *I have lost;* **perderás** *you will lose;* **perdió** *he/she lost;* **perdiste** *you lost*
la **pérdida** *loss*
perdido/a *lost*
el **perdón** *pardon, forgiveness*
perdonar *to forgive;* **perdóname** *excuse me! forgive me!*
perezoso/a *lazy*
perfeccionar *to perfect;* **he perfeccionado** *I have perfected*
el **perico** *parakeet*
el **periódico** *newspaper*
el **período** *period*
el **permiso** *permission*
permitir *to allow*
pero *but*
perplejo/a *perplexed*
el **perro** *dog;* el **perrito** *little dog*
perseguir *to follow;* **me perseguía** *he/she/it was following me*
persistir *to persist;* **persistía** *I/he/she/it persisted*
el **personaje** *character*
personalmente *personally*
personificado/a *personified*
pesado/a *heavy*

la **pesca** *fishing*

el **pescado** *fish*

la **petición** *petition;* **a petición de** *at the request of*

el **petróleo crudo** *crude petroleum*

el **pianista,** la **pianista** *pianist*

pida (inf. **pedir**) *ask;* **que yo le pida** *that I might ask*

pide (inf. **pedir**) *ask, he/she asks for;* **pídeles** *ask them to;* **pide un favor** *ask a favor*

pidió (inf. **pedir**) *he/she asked*

el **pie** *foot;* el **pie de foto** *photo caption*

piensas (inf. **pensar**) *you think*

pierdas (inf. **perder**) *lose;* **no te pierdas** *don't miss*

la **píldora** *pill*

pintar *to paint*

la **pirámide** *pyramid*

la **piscina** *swimming pool*

el **piso** *floor*

pisoteado/a *trampled*

la **pista de baile** *dance floor*

la **pizzería** *pizzeria*

el **plan** *plan*

planeado/a *planned*

el **planeta** *planet*

el **plástico** *plastic;* **de plástico** *(made of) plastic*

platicar *to talk, to chat;* **estábamos platicando** *we were talking*

el **plato** *dish, plate*

la **playa** *beach*

la **pluma** *pen*

la **población** *population*

la **pobreza** *poverty*

poco/a *a little*

pocos/as *few*

poder *to be able to, can;* **podrá** *he/she/it will be able to;* **podrás** *you will be able to;* **podría** *he/she/it would be able to*

el **poder** *power*

el **poema** *poem*

la **poesía** *poetry*

el **poeta,** la **poeta** *poet*

la **política** *politics*

poner *to put, to place;* **No tengo nada que ponerme.** *I have nothing to wear.*

ponerle freno *to put the brakes on*

ponerse *to put on;* **ponerse a** *to get busy with, to start*

popular *popular*

por *at, along, by, for, in, through;* **por acá** *this way;* **por ciento** *per cent;* **por dentro** *on the inside;* **por eso** *that's why, therefore;* **por fin** *finally, at last;* **por fuera** *on the outside;* **por la mañana** *in the morning;* **por la noche** *at night;* **por la tarde** *in the afternoon;* **por lo menos** *at least;* **por medio de** *through, by means of;* **por qué** *why;* **por si acaso** *in case;* **por supuesto** *of course*

porque *because*

portarse *to behave*

el **portavoz** *spokesperson*

la **posibilidad** *possibility*

la **posición** *position*

la **postal** *postcard*

el **postre** *dessert*

la **práctica** *practice*

practicar *to practice*

el **precio** *price*

preciso/a *precise*

preferible *preferable*

preferido/a *favorite*

preferir *to prefer*

la **pregunta** *question*

preguntar *to ask*

el **premio** *prize*

prender *to turn on*

preocupado/a *worried*

preocuparse *to worry;* **no se preocupen** *don't worry!*

prepararse *to prepare oneself;* **preparaste** *you prepared*

presentar *to present;* **presentarse** *to introduce oneself;* **se ha presentado** *has presented itself*

el **presente** *present*

prestar atención *to pay attention*

el **pretexto** *pretext, excuse*

previo/a *previous*

la **primavera** *spring*

primero/a *first*

el **principio** *beginning*

la **prisa** *hurry*

el **prisionero,** la **prisionera** *prisoner*

probar *to try, to taste;* **probé** *I tried, I tasted*

el **problema** *problem*

producir *to produce*

el **producto** *product*

el profesor, la profesora *teacher, professor*

profundo/a *deep, profound*

prohibir *to forbid;* **prohibieron** *they/ you (pl.) forbade*

el promedio *average*

la promesa *promise*

prometer *to promise;* **me prometió** *he/she promised me;* **prometiste** *you promised*

pronto *soon*

propio/a *own*

la proporción *proportion*

el propósito *purpose*

protegerse *to protect oneself*

próximo/a *next*

el proyecto *project*

prueba (inf. **probar**) *(you) try*

publicado/a *published*

el público *public, audience*

pueda (inf. **poder**); **antes de que pueda** *before I can*

puede (inf. **poder**) *he/she/it can;* **no puede ser** *it can't be;* **puede ser** *it can be*

puedes (inf. **poder**) *you can*

puedo (inf. **poder**) *I can*

la puerta *door*

el puerto *port*

pues *well*

puesto (inf. **poner**): **te han puesto** *they have put you*

el punto de vista *point of view*

puntual *punctual*

el pupitre *student's desk*

puro/a *pure*

puse (inf. **poner**) *I put*

pusieron (inf. **poner**) *they/you (pl.) put*

puso (inf. **poner**) *he/she put*

que *that, which, who, than*

qué *what, which;* **¿Qué hago?** *What should I do?;* **qué pasó** *what happened;* **¿Qué vas a hacer?** *What are you going to do?;* **qué voy a hacer** *what I am going to do;* **¡Qué torpe!** *How clumsy!;* **¿Qué has hecho?** *What have you done?*

quebrar *to break*

quedar *to remain, to be left;* **no quedó ni un pedazo** *not even a piece was left;* **quedar bien** *to fit;* **quedó** *was left, remained*

quedarse *to stay, to remain*

el quehacer *task, chore*

quejarse *to complain*

quemado/a *burned*

quemarse *to burn;* **se están quemando** *are burning;* **se han quemado** *have burnt;* **se quemó** *burnt*

querer *to want;* **lo que quieras** *whatever you want*

querido/a *dear*

el queso *cheese*

quien *who*

quiere decir *means*

quieres *you want;* **¿Quieres...?** *Do you want . . .?*

quieto/a *quiet, tranquil;* **quietito/a** *quiet*

quinto/a *fifth*

quiso (inf. **querer**) *he/she wanted*

quitar *to take away;* **(que) me quite el sueño** *keeps me awake*

quizás *maybe, perhaps*

la racha de triunfos *winning streak*

la ranura *slot*

rápido/a *fast, quick*

raro/a *strange*

el rato *a while*

la razón *reason*

reaccionar *to react*

la realidad *reality*

el rechinido *screeching*

recibir *to receive;* **recibí** *I received;* **recibió** *he/she received*

recibirás *you will receive*

el reciclaje *recycling*

reciclar *to recycle*

recientemente *recently*

reclutar *to recruit;* **ser reclutado** *to be recruited*

recoger *to pick up*

recompensar *to reward*

reconocer *to recognize*

recordar *to remember*

el **recreo** *recreation*

recuerdo (inf. **recordar**) *I remember*

recuperar *to recover*

reflejar *to reflect*

el **refrán** *proverb, saying*

el **refresco** *soft drink*

refrito/a *refried*

regalar *to give as a gift*

el **regalo** *gift*

regañar *to scold*

registrarse *to register*

regresar *to return*

la **reina** *queen*

reírse *to laugh;* **riendo** *laughing*

relacionar *to relate*

relajante *relaxing*

el **relámpago** *lightning*

la **relatividad** *relativity*

el **reloj** *watch*

el **remedio** *remedy, alternative, solution*

repetir *to repeat*

el **reportero,** la **reportera** *reporter*

representar *to represent, to act out*

requerir *to require*

rescatar *to rescue*

residir *to reside*

resolver *to decide;* **resolví** *I decided;* **se resuelven** (inf. **resolver**) *are resolved*

respetar *to respect*

respirar *to breathe*

responder *to respond*

la **respuesta** *answer*

el **restaurante** *restaurant*

el **resto** *rest*

resuelto/a *resolved, decided*

el **resultado** *result*

el **resumen** *summary*

retroceder *to retreat*

revelar *to reveal;* **han revelado** *they have revealed;* **revelaré** *I will reveal*

la **revista** *magazine*

rico/a *delicious, rich*

el **riesgo** *risk*

riesgoso/a *risky*

rígido/a *rigid*

la **risa** *laughter*

el **ritmo** *rhythm*

la **rodilla** *knee*

rogar *to beg;* **he rogado** *I have begged*

rojo/a *red*

la **ropa** *clothes, clothing*

la **rosa** *rose*

roto/a *broken, torn*

el **ruido** *noise*

ruidoso/a *noisy*

rumbo a *in that direction, on the way to*

rumiar *to ponder;* **rumiándolo** *pondering it*

el **sábado** *Saturday*

el **sabelotodo** *know-it-all*

saber *to know;* **no lo sabía** *I/he/she didn't know it;* **(que) no sabías** *that you didn't know* **¿sabes qué?** *know what?;* **sabían** *they knew;* **¿sabías que…?** *did you know that . . .?;* **sabrá** *he/she will know*

sabio/a *wise*

el **sabor** *flavor*

sabroso/a *tasty*

el **sacapuntas** *pencil sharpener*

sacar *to take out, to get*

la **sala** *living room*

la **salida** *exit*

salir *to go out;* **ha salido** *he/she/it has gone out;* **no ha salido nada bien** *has not turned out well at all;* **quiero que salga** *I want him/her/it to go out;* **saliendo** *going out;* **salió** *he/she/it went out*

saludable *healthy*

saqué (inf. **sacar**) **malas notas** *I got bad grades*

satisfacer *to satisfy;* **antes de satisfacer** *before satisfying*

sé (inf. **saber**) *I know*

sé (inf. **ser**) *(you) be!*

sea (inf. **ser**) *be;* **o sea** *or rather;* **que sea** *that is*

seas (inf. **ser**) *be;* **no seas** *don't be*

la **sección** *section*

la **seda** *silk*

seguir *to follow;* **seguir siendo** *to keep being*

según *according to*

el **segundo** *second*

segundo/a *second;* **segundo tiempo** *second half*

seguro/a *sure, certain*

la **semana** *week*

semejante *resembling*

la **semilla** *seed*

sencillo/a *simple*

sentado/a *sitting*

sentarse *to sit down;* **me senté** *I sat*

la **sentencia** *sentence, punishment*

el **sentido** *meaning*

el **sentimiento** *feeling*

sentir *to feel, to regret;* **sentí** *I felt*

sentirse *to feel*

señalar *to signal*

el **señor** *sir, man*

la **señora** *lady*

ser *to be;* **será** *he/she/it will be;* **sería** *he/she/it would be*

los **seres queridos** *loved ones*

seriamente *seriously*

serio/a *serious*

la **serpiente** *snake*

servir *to serve;* **sirvió** *he/she served*

sesenta *sixty*

si *if;* **si se puede saber** *if it can be known*

sí mismo/a *him/herself*

sido (inf. **ser**): **había sido** *I/he/she/it had been*

siempre *always*

siente (inf. **sentirse**): **se siente** *he/she/it feels*

el **significado** *meaning*

significar *to mean*

sigue (inf. **seguir**) *he/she/it keeps on*

síguela *follow her*

siguen (inf. **seguir**) *they/you* (pl.) *follow*

siguiente *following*

el **silencio** *silence*

simpático/a *nice*

simplemente *simply*

sin *without;* **sin embargo** *nevertheless*

sincero/a *sincere*

el **sinnúmero** *a countless number*

el **sinvergüenza,** la **sinvergüenza** *rascal, scoundrel*

sistemáticamente *systematically*

el **sitio** *site, place*

la **situación** *situation*

sobre *about, over*

el **sobrecama** *bedspread*

sobrevivir *to survive;* **he sobrevivido** *I have survived*

el **sol** *sun*

solamente *only*

solazo *sunshine*

la **soledad** *loneliness, solitude*

sólo *only*

solo/a *alone;* **a solas** *alone*

soltar *to let out*

sonámbulo/a *sleep-walking*

sonriendo *smiling*

la **sonrisa** *smile*

soñar *to dream;* **soñé** *I dreamt*

sorprender *to surprise;* **sorprendieron** *surprised*

la **sorpresa** *surprise*

sosegar *to quiet down*

la **sospecha** *suspicion*

sospechosamente *suspiciously*

sospechoso/a *suspicious*

sostener *to hold in, to sustain*

el **suceso** *event*

sucio/a *dirty*

Sudamérica *South America*

Suecia *Sweden*

el **suelo** *floor*

el **sueño** *dream*

la **suerte** *luck*

la **sugerencia** *suggestion*

sugerir *to suggest*

el **supermercado** *grocery store*

suponer *to suppose*

supongo *I suppose*

suprimir *to suppress*

el **sur** *south*

surgir *to rise*

el **suroeste** *southwest*

el **suspenso** *suspense*

el **suspiro** *sigh*

suyo/a *his/hers/theirs*

el **talento** *talent*

la **talla** *size* (of shoe, clothing)

el **tamaño** *size*

también *also*

tan *so*

tanto/a *so much*

la **tapa** *lid*

la **taquería** *taco eatery*

tarde *late*

la **tarea** *homework*

la **tarjeta** *card*

la **tatarabuela** *great grandmother*

el **tazón** *bowl*

el **teatro** *theater*

la **técnica** *technique*

la **tela** *fabric*

la **telenovela** *soap opera*

el **televidente,** la **televidente** *television viewer*

el **televisor** *television set*

el **tema** *topic, subject*
temer *to fear*
temo que... *I'm afraid that . . .*
la **temperatura** *temperature*
la **temporada** *season*
temporal *pertaining to time*
temprano *early*
tendrías (inf. **tener**) *you would have*
tener *to have;* **he tenido** *I have had;* **tendrá lugar** *will take place;* **tendrás** *you will have;* **tener... años** *to be . . . years old;* **tener frío** *to be cold;* **tener hambre** *to be hungry;* **tener que...** *to have to . . .;* **tener razón** *to be right;* **tener sed** *to be thirsty*
el **tenista,** la **tenista** *tennis player*
la **teoría** *theory*
tercero/a *third*
terminar *to finish, to end;* **ha terminado** *has ended*
ti *you*
tibio/a *lukewarm*
el **tiempo** *time, weather;* **hace buen/mal tiempo** *it's nice/bad weather;* **el primer tiempo** *the first quarter (of a game)*
la **tienda** *store*
la **tierra** *earth, ground, land*
el **tipo** *type*
la **tira cómica** *cartoon strip*
tirado/a *spilled, thrown*
tirar *to throw;* **tirarle las orejas** *to pull his/her ears*

el **titular** *headline*
la **toalla** *towel*
tocar *to touch, to play (music);* **me toca a mi** *it's up to me, it's my turn*
todavía *still;* **todavía no** *not yet*
todo/a *all, every;* **todos los días** *every day*
tomar *to take, to drink;* **había tomado una decisión** *had made a decision;* **tomar el sol** *to sunbathe;* **tomar un baño** *to take a bath*
el **tomate** *tomato*
el **tonto** *fool*
la **tormenta** *storm*
el **torneo** *tournament*
el **toro** *bull*
la **tortuga** *turtle*
totalmente *totally*
trabajador/a *hardworking*
trabajar *to work*
la **traducción** *translation*
traer *to bring*
el **tráfico** *traffic*
traicionero/a *treacherous*
tráiler *movie trailer*
el **traje** *suit*
tranquilo/a *calm*
trapear *to mop*
el **trapo** *rag*
tras *after*
tratar con *to deal with*
tratar de *to try to;* **he tratado** *I have tried*
traten *you* (pl.) *try*
el **trato** *deal*
la **travesura** *prank*
travieso/a *mischievous*
la **trayectoria cronológica** *timeline*

la **tristeza** *sadness*
triunfar *to triumph*
el **trozo** *piece*
tu *your*
tú *you*
tumbar *to knock over*
el **turista,** la **turista** *tourist*
tuviste (inf. **tener**) *you had*
tuviera (inf. **tener**): **me pidío que le tuviera** *she asked me to hold for her*
tuvo (inf. **tener**) *he/she/it had*

último/a *last*
único/a *only, unique*
la **unidad** *unit, unity*
la **unidad de disco** *hard drive*
unirse *to get together, to become united*
usado/a *used*
usar *to use;* **he usado** *I have used;* **usando** *using*
el **uso** *use*
el **usuario,** la **usuaria** *user*
útil *useful*
utilizar *to use, to utilize;* **he utilizado** *I have used*

las **vacaciones** *vacation*
la **vacilación** *hesitation*
la **valentía** *bravery*

valer *to be worth;* **valer la pena** *to be worth it*

la **validez** *validity*

válido/a *valid*

valiente *brave, courageous*

el **valle** *valley*

el **valor** *value, bravery*

el **vapor** *steam*

variado/a *varied*

la **variedad** *variety*

varios/as *several*

vasto/a *vast*

vayas (inf. **ir**) **no te vayas** *don't leave*

véase (inf. **ver**) *see*

veinte *twenty*

la **vela** *sailing*

vemos (inf. **ver**) *we see;* **nos vemos** *we see each other*

ven (inf. **venir**) *(you) come!*

vender *to sell*

venir *to come;* **necesito que vengas** *I need you to come*

la **venta** *sale*

la **ventana** *window*

ventilado/a *ventilated*

ver *to see;* **a ver** *let's see;* **tiene que ver con** *it has to do with;* **(que)**

veas *(that) you see;* **veo** *I see;* **verás** *you will see*

el **verano** *summer*

la **verdad** *truth*

¿verdad? *right?*

verdaderamente *truly*

verdadero/a *true, real*

el **vestido** *dress*

el **vestuario** *wardrobe*

vete (inf. **ir**) *(you) go away!*

vi (inf. **ver**) *I saw*

vio (inf. **ver**) *he/she/it saw*

viajar *to travel*

el **viaje** *trip*

vibrante *vibrant*

victorioso/a *victorious*

la **vida** *life;* **mi vida** *my love*

el **videojuego** *video game*

el **videojugador,** la **videojugadora** *video game player*

el **vidrio** *glass;* **de vidrio** *(made of) glass*

viendo (inf. **ver**) *seeing*

el **viernes** *Friday*

el **villano,** la **villana** *villain*

vinieron (inf. **venir**) *they came*

vino (inf. **venir**) *he/she/it came*

el **visitante,** la **visitante** *visitor*

vivo/a *alive*

volar *to fly*

el **voleibol** *volleyball*

voltearse *to turn around;* **no te voltees** *don't turn around*

la **voluntad** *will*

voy (inf. **ir**) *I'm on my way to*

la **voz** *voice*

el **vuelo** *flight*

ya *already*

la **zapatilla de tenis** *tennis shoe*

el **zapato** *shoe*

el **zoológico** *zoo*

la **zona de guerra** *war zone*

el **zorro** *fox*

Respuestas

Capítulo 1

Antes de leer: Actividad

1. f   **2.** e   **3.** b   **4.** h

Mientras lees: Tarjetas electrónicas

A. b

B. c

C. b

D. *Answers will vary.*

E. Yes, it looks like an invitation which usually includes the date, the time, the address and the phone number for r.s.v.p's.

F. b

G. No

H. It is being sent by a group of people «**los amigos de Julio Saavedra Ochoa**».

I. It has not been sent; it is just being reviewed.

Después de leer: Actividades

❶ **1.** g   **2.** c   **3.** j   **4.** e   **5.** a
   6. k   **7.** m   **8.** d   **9.** h   **10.** l
   11. b   **12.** n   **13.** i   **14.** f

❷ **1.** b   **2.** c   **3.** c   **4.** a   **5.** a   **6.** b

❸ **1.** Julio Saavedra Ochoa
   2. 15
   3. Not enough information
   4. Madrid
   5. Julio's friends
   6. Not enough information
   7. June 14th
   8. Fernando Díaz de Mendoza
   9. 6 p.m.
   10. Not enough information

❹ *Greetings will vary.*

Antes de leer: Actividad

1. Foto B   **2.** Foto A   **3.** Foto E
4. Foto F   **5.** Foto C   **6.** Foto D

Mientras lees: El cumpleaños de Julio

A. Yes; estupenda   **B.** Twenty

C. Soccer   **D.** No

E. Ten; no   **F.** Electronically

G. Yes   **H.** A scrapbook

Después de leer: Actividades

❶ *Answers will vary.*

❷ *Answers will vary.*

❸ *Answers will vary.*

Un poco más

❶ **1.** Card 1: ¡Mejórate pronto! ¡Comida de hospital! ¿Qué mejor razón hay para mejorarse pronto?
   2. Card 2: Disculpas; ¡Perdóname! Fue mi error.
   3. Card 3: Te extraño; ¡Me haces falta! ¿Cuándo nos vemos?.
   4. Card 4: Cuando olvidas un cumpleaños; ¡Feliz cumpleaños! ¡Más vale tarde que nunca!

❷ *Greeting cards will vary.*

❸ **Down: 1.** boda **2.** vacaciones **3.** gracias **4.** mejórate **5.** amor **6.** deportes **7.** felicidades; **Across: 8.** amistades **9.** día festivo **10.** niños **11.** bebe **12.** naturaleza **13.** buena suerte **14.** cumpleaños

Capítulo 2

Antes de leer: Actividad

1. b   **2.** a   **3.** c   **4.** a

Mientras lees: ¡Exprésate!

A. c   **B.** c   **C.** b   **D.** c
E. a   **F.** b   **G.** b   **H.** a
I. c   **J.** a

Después de leer: Actividades

❶ **1.** The ad for the poetry contest
   2. www.cumpleaños.com
   3. www.pizzerías.com
   4. fanschristina@hotmail.com
   5. www.compras.com

❷ *Answers will vary. Possible answers are:*
Ad #1: Concurso. Logical: 12 a 16 años, $100 dólares; **Emotional:** talento, creatividad.
Ad #2: Fan Club. Logical: gratuito, recibirás; **Emotional:** admiradores, bella.
Ad #3: La página del mes. Logical: saber, dejar; **Emotional:** *fans,* admiración.
Ad #4: El directorio oficial. Logical: mejores, precios; **Emotional:** especial, chocolates.

❸ *Ads will vary.*

Antes de leer: **Actividades**

❶ 1. c   2. d   3. a   4. e   5. b

❷ 1. c   2. b   3. a   4. b

❸ 1. sabrá: *he/she/it will know*
2. conocerás: *you will know*
3. cambiarás: *you will change*

❹ It means ode, a poetic tribute to something or someone.

Mientras lees: **El poema ganador**

A. a   B. a   C. b   D. c   E. a

Después de leer: **Actividades**

❶ *Answers will vary.*

❷ *Answers will vary.*

Un poco más

❶

Significado de los títulos	
Odas a cosas concretas	**Odas a conceptos abstractos**
Oda al aire *(Ode to the air)*	Oda a la alegría *(Ode to happiness)*
Oda a la alcachofa *(Ode to an artichoke)*	Oda al amor *(Ode to love)*
	Oda a la esperanza *(Ode to hope)*
Oda a la cebolla *(Ode to an onion)*	Oda a la intranquilidad *(Ode to intranquility)*
Oda al edificio *(Ode to a building)*	
Oda a la flor *(Ode to a flower)*	Oda al pasado *(Ode to the past)*
Oda al hilo *(Ode to thread)*	Oda a la pobreza *(Ode to poverty)*
Oda al invierno *(Ode to winter)*	Oda a la poesía *(Ode to poetry)*
Oda al libro *(Ode to a book)*	Oda a la soledad *(Ode to solitude)*
Oda a la lluvia *(Ode to the rain)*	Oda a la tristeza *(Ode to sadness)*
Oda a la noche *(Ode to the night)*	Oda a la vida *(Ode to life)*
Oda a los números *(Ode to numbers)*	
Oda al pan *(Ode to bread)*	
Oda a un reloj en la noche *(Ode to a clock in the night)*	
Oda al tomate *(Ode to a tomato)*	
Oda al traje *(Ode to a suit)*	

❷ *Odes will vary.*

Capítulo 3

Antes de leer: **Actividades**

1. a, b, d   2. d   3. b
4. a, b, d   5. a, b, d   6. b, c
7. a, b, d   8. b, c   9. a, b, c, d
10. b, c, d

Mientras lees: **La vida de Eva**

A. a, b or c

B. a, b or c (It's not really clear at this point.)

C. *Answers will vary.*

D. *Possible answer:* Yes, she makes her life look much better in the cartoons than it is in real life.

E. Yes. She is trying to influence the reader to think that her life is going well at her new school.

F. *Answers will vary.*

G. *Answers will vary.*

H. *Answers will vary.*

Mientras lees: **Las cartas de Eva**

A. a or d

B. b, c or d

C. *Answers will vary.*

D. *Answers will vary.*

E. a, b or d

F. a

G. *Answers will vary.*

H. *Answers will vary.*

Después de leer: **Actividades**

❶ 1. a. C b. R   2. a. C b. R   3. a. R b. C
4. a. R b. C   5. a. R b. C   6. a. C b. R
7. a. C b. R   8. a. C b. R

❷ 1. No le gustan las matemáticas.
2. No le gusta la educación física.
3. No le gusta el voleibol.
4. La profesora de inglés es estricta.
5. El profesor de matemáticas es difícil.
6. Los compañeros de clase son antipáticos.
7. Las chicas de la clase de educación física son antipáticas.
8. El colegio es aburrido.

❸ *Answers will vary.*

❹ 1. **A la abuela:** «Las clases no son muy difíciles (¡excepto las matemáticas).» (to persuade the reader to believe something) **A su mejor amiga:** «Las clases son muy difíciles …» (to inform; to stir an emotion)

2. **A la abuela:** «Los profesores son muy buenos conmigo y no son muy estrictos». (to persuade the reader to believe something) **A su mejor amiga:** «…y los profesores son muy estrictos!» (to inform; to stir an emotion)

3. **A la abuela:** «¿Y mis notas? Pues, más o menos bien». (to persuade the reader to believe something). **A su mejor amiga:** «Saqué muy malas notas en las matemáticas y en la educación física». (to inform)

4. **A la abuela:** «Mis compañeros de clase son simpáticos». (to persuade the reader to believe something) **A su mejor amiga:** «¡Mis nuevos compañeros de clase son antipáticos!» (to inform; to stir an emotion)

5. **A la abuela:** «Y también quiero jugar en el equipo de voleibol. Pero primero tengo que aprender ¡a jugar!» (to persuade the reader to believe something; **A su mejor amiga:** «¡Soy horrible para el voleibol!» (to inform; to stir an emotion)

6. **A la abuela:** «¡Ojalá que pronto mi vida sea como la represento en mis tiras cómicas!» (to inform; to stir an emotion; to persuade the reader to believe something) **A su mejor amiga:** «Aquí te envío unas tiras cómicas que dibujé de un día ficticio en mi nuevo colegio». (to tell a story; to stir an emotion)

❺ *Answers will vary.*

Un poco más

❶ *Answers will vary.*

Capítulo 4

Antes de leer: **Actividad**

1. e	2. c	3. g	4. a
5. f	6. h	7. b	8. d

Mientras lees: **El Canario**

A. The favorite extracurricular activity at school is playing videogames.

B. One could predict how much time students spend playing videogames and what other activities they enjoy doing.

C. Continued on page 5

D. The Ecology Club insists on having a recycling program at the school.

E. How the Ecology Club plans to implement recycling at the school

F. Triunfa; racha de triunfos; triunfan

G. It is an advice column

H. She could offer possible solutions to the problem.

I. *Answers will vary.*

J. *Answers will vary.*

K. *Answers will vary.*

L. Un minuto; 3 a 2

M. *Answers will vary.*

N. *Answers will vary.*

O. *Answers will vary.*

P. *Answers will vary.*

Después de leer: **Actividades**

❶ 1. c   2. e   3. a   4. d   5. b

❷ *Answers will vary.*

❸ *Headlines will vary.*

❹ *Lead lines will vary.*

❺ *Survey results will vary.*

❻ *Charts or graphs will vary.*

Un poco más

❶ *Mock newspapers will vary.*

Capítulo 5

Antes de leer: **Actividad**

1. F	2. O	3. F	4. F
5. O	6. O	7. F	8. O

Mientras lees: **De vacaciones en Miami**

A. Two; (1) Desde Miami Beach a Haulover Beach Park existe una playa arenosa de 300 pies de ancho y 10 millas de longitud; (2) Esta playa es artificial —creada completamente por el hombre.

B. *Possible answers:* (1) El verano en Miami es espectacular; (2) El ritmo de vida en las playas de Miami es muy lento.

C. No

D. Yes; (1) Miami es una ciudad de lluvia y días de hotel largos y aburridos.

E. Eleven. *Possible answers:* (1) Entre las ciudades más grandes de la Florida, Miami ocupa el segundo lugar; (2) El nombre Miami se deriva de *Mayaimi*.

F. Two; (1) Miami es una ciudad con una historia fascinante y un presente vibrante; (2) Es el sitio ideal para las vacaciones.

G. Yes. *Possible answers:* (1) atrae a diez millones de turistas cada año; (2) en Miami en marzo (hay) el Festival de la Calle Ocho.

H. Yes. *Possible answers:* (1) Hay actividades y diversiones para cualquier gusto; (2) Miami es un paraíso de comidas internacionales.

I. Alberto's contains the most facts. Juan's contains the most opinions and Gloria's presents the best balance of facts and opinions.

J. *Answers will vary.*

K. Alberto's was the most informative. Adriana's was the least informative.

L. *Answers will vary, but students should notice that a good balance of facts and opinions results in an informative and interesting reading.*

Después de leer: **Actividades**

❶ 1. Juan
   2. Adriana
   3. Alberto and Gloria
   4. Alberto's
   5. Adriana's
   6. Gloria or Juan but probably not Adriana

❷ *Answers will vary.*

❸ *Conversations will vary.*

❹ *Postcards will vary.*

❺ *Charts will vary.*

❻ *Essays will vary.*

Un poco más

❶ *Brochures will vary.*

Capítulo 6

Antes de leer: **Actividades**

   1. d   **2.** e   **3.** a   **4.** c   **5.** b

Mientras lees: **Roque y el planetas sin quehaceres**

A. Roque es guapo, pelirrojo y bajo.

B. A Roque le gusta leer las tiras cómicas de los superhéroes del planeta Zirconio.

C. Cometa es un perro enorme, cariñoso y no muy listo.

D. Roque necesita dinero para comprar más aparatos intergalácticos.

E. Roque le pregunta a su mamá si ella le puede pagar por hacer los quehaceres.

F. Su mamá le dice que no, muy enojada.

G. Roque tiene que lavar los platos.

H. Le grita porque hay un océano de espuma de jabón saliendo del lavaplatos.

I. Roque tiene que trapear el suelo.

J. Tiene que darle de comer a Fénix, el perico.

K. Fénix tira las semillas y los cacahuates directamente a la cabeza de Roque.

L. La jaula se cae al suelo.

M. Roque tiene que pasar la aspiradora.

N. Tiene que sacar la basura.

O. Roque ve un OVNI.

P. Cometa ladra y asusta al gato que corre y tumba el basurero. Hacen mucho ruido y desparraman la basura por el jardín.

Q. Roque tiene que recoger la basura.

R. Roque. El último párrafo indica que el narrador es Roque a los 42 años.

Después de leer: **Actividades**

❶ 1. F; Roque es pelirrojo y no muy alto.
   2. F; Cometa es enorme y no muy listo.
   3. T
   4. F; A Roque no le gusta hacer los quehaceres domésticos. /A Roque le gusta leer las tiras cómicas de los superhéroes del planeta Zirconio.
   5. T
   6. T

7. F; Roque pasa la aspiradora.

8. F; Roque saca la basura y hay muchos problemas.

❷ 1. c   2. g   3. d   4. a   5. f   6. b   7. e

❸ 1. Mi   2. mi   3. mi
   4. mi   5. Mi   6. Mi
   7. Mi   8. Mis/Nuestras   9. mi
   10. Mi   11. mi   12. sus
   13. mi/su   14. Su   15. sus
   16. mi   17. su

❹ 1. Debes lavar los platos.
2. Debes sacar la basura.
3. Debes tender la cama.
4. Debes cortar el césped.
5. Debes planchar la ropa.
6. Debes poner la mesa.
7. Debes darle de comer al perro.
8. Debes pasar la aspiradora en la sala.

❺ *Answers will vary.*

❻ *Answers will vary.*

❼ *Answers will vary.*

Un poco más

❶ *Possible answers:*
   1. e   2. b   3. f   4. i   5. a
   6. g   7. j   8. d   9. h   10. c

❷ *Descriptions will vary.*

❸ 1. lavaplatos   9. aspiradora
   2. poner   10. cortar
   3. tender   11. planchar
   4. darle   12. leer
   5. quehaceres   13. tirarle
   6. trapear   14. perro
   7. perico   15. semillas
   8. basura

Capítulo 7

Antes de leer: **Actividades**

A. 1. permiso   2. favor   3. negociar   4. chantajea
   5. lava   6. castiga

B. *Summaries will vary.*

Mientras lees: **Sinvergüenza**

A. Olivia y Gustavo hablan por teléfono.

B. Hablan de la venta de galletas para el club de drama.

C. Olivia le pide un favor a Gustavo.

D. Ir a la casa de Olivia para hacer las galletas

E. Sí, Gustavo acepta hacerle el favor a Olivia pero con condiciones.

F. Sí, salen bien las galletas.

G. Verónica entra a la cocina.

H. Verónica sabe que usaron el horno porque está caliente.

I. Gustavo le ofrece a Verónica una galleta.

J. Verónica chantajea a Olivia.

K. Olivia tiene que hacer sus quehaceres y lavar la ropa de Verónica.

L. Abren las ventanas y ponen los abanicos.

M. Las hermanas hacen la tarea.

N. El padre de Olivia quiere saber por qué Olivia lava la ropa de Verónica.

O. Verónica dice que Olivia le debe un favor.

P. Olivia dice que Gustavo usó la estufa, no ella.

Q. No pueden ver la tele por tres semanas; Verónica tiene que hacer sus quehaceres y lavar su ropa; Olivia no puede ir a la venta de galletas.

R. Verónica, Gustavo y sus padres.

S. Olivia cree que no es justo.

Después de leer: **Actividades**

❶ *Answers will vary. Possible answers:*
   1. prohibieron   2. verdad
   3. enemiga   4. chantaje
   5. cómplice   6. mentiras
   7. verdad   8. justo

❷ *Answers will vary. Possible answers:*
   1. Olivia no puede usar la estufa en la cocina sin la supervisión de un adulto.
   2. Olivia llama a Gustavo para pedirle un favor.
   3. Gustavo hace las galletas.
   4. Limpian la cocina cuando entra Verónica.
   5. Verónica chantajea a Olivia.
   6. El padre de Olivia quiere saber por qué Olivia lava la ropa de Verónica.
   7. Verónica entra al cuarto de lavar mientras su padre interroga a Olivia.
   8. Olivia confiesa.

9. El padre castiga a las dos chicas.

10. Todos están furiosos con Olivia.

❸ *Answers will vary.*

❹ *Dialogues will vary.*

❺ *Lists and sentences will vary.*

❻ *Summaries will vary.*

Un poco más

❶ 1. tele-novela, *television + novel, soap opera*
2. saca-puntas, *to take out + points, pencil sharpener*
3. lava-platos, *to wash + plates, dishwasher*
4. para-aguas, *for + water, rain, umbrella*
5. para-sol, *for + sun, parasol*
6. sin-número, *without + number, infinite*
7. guarda-bosques, *to guard + forests, forest ranger*
8. pela-papas, *to peel + potatoes, potato peeler*
9. lava-manos, *to wash + hands, sink*
10. para-choques, *for + crashes, bumper (of a car)*
11. para-caídas, *for + falls, parachute*
12. sobre-cama, *on top of + bed, bedspread*
13. sabe-lo-todo, *to know + it + all, a know-it-all*
14. en-hora-buena, *in + hour + good, congratulations*
15. para-brisas, *for + wind, windshield*

Capítulo 8

Antes de leer: **Actividades**

A. *Answers will vary.*

B. *Answers will vary.*

Mientras Lees: **El club de hombres**

A. Gustavo

B. Tiene que servir los platos y fingir que es la cocinera.

C. Al narrador le gusta cocinar.

D. Cree que se van a burlar de él.

E. De ver a su abuela cocinar desde niño

F. Olivia le puede hacer reír aunque esté de mal humor.

G. Olivia tiene que sacar los nachos del horno, menear el chile con carne, ponerle el queso blanco a los frijoles refritos, y calentar las tortillas.

H. Piden algo de comer.

I. Quieren irse a la casa de Arnulfo.

J. No. Ellos creen que Olivia es una mala cocinera.

K. Aceptan que Olivia puede cocinar pero no puede ver el partido con ellos.

L. Gustavo descubre que las cosas no van bien.

M. Sí. Gustavo puede rescatar la comida.

N. Olivia lee una revista.

O. Miguel descubre que Gustavo es el cocinero, no Olivia.

P. Sí, es un final feliz. Todos están contentos porque Gustavo sabe cocinar.

Después de leer: **Actividades**

❶ 1. a, b, c   2. c   3. c   4. a, b
5. b   6. c   7. b   8. a

❷ *Menus will vary.*

❸ *Dramatizations will vary.*

❹ *Answers will vary.*

❺ *Paragraphs and pictures will vary.*

❻ *Paragraphs will vary.*

Un poco más

❶ 1. e   2. b   3. a   4. c   5. d

❷ *Proverbs and pictures will vary.*

Capítulo 9

Antes de leer: **Actividad**

❶ *Answers will vary. Possible answers:*
Secuencia temporal: primero, después de, luego, primero, antes de, por fin; **Estaciones:** primavera, verano, otoño; **En una semana:** fin de semana, mañana, hoy, el domingo; **En un día:** por la tarde, por la noche

Mientras lees: **El Monstruo**

A. El narrador es el papá de Verónica y Olivia.

B. El papá no entiende por qué su hija no puede mantener su cuarto en orden.

C. En el cuarto de su hija existe una montaña de ropa sucia.

D. El narrador decide darle un ultimátum a su hija.

E. Su hija tiene que lavar su ropa y guardarla en dos días. Si no lo hace, va a llevar su ropa a *Goodwill.*

F. Verónica saca buenas notas y le gustan las ciencias y las matemáticas.

G. Va a correr con su amigo Ricardo.

H. Los señores hablan de sus hijas.

I. El motivo va a ser un chico.

J. El señor Aguirre piensa que el Monstruo es preferible a un chico.

K. El señor Aguirre oye un silencio profundo.

L. Verónica está en la casa de su amigo Miguel.

M. El sábado, el señor Aguirre se va a la oficina a trabajar. El domingo lo pasa fuera de casa. El lunes por la mañana, él se levanta temprano y va al cuarto de Verónica.

N. El señor Aguirre encuentra el Monstruo más grande que nunca.

O. El señor Aguirre encuentra un *diskette.*

P. El Monstruo está en cinco bolsas de basura en el baúl del carro del señor Aguirre.

Después de leer: **Actividades**

❶ El viernes:
   1. El señor Aguirre sueña que el Monstruo lo persigue y lo amenaza.
   El sábado:
   1. El señor Aguirre despierta gritando.
   2. El señor Aguirre decide tomar acción.
   3. El señor Aguirre le da un ultimátum a Verónica.
   4. El señor Aguirre va a correr con su amigo Ricardo.
   5. El señor Aguirre se baña.
   6. El señor Aguirre se va a la oficina.
   7. El señor Aguirre regresa tarde a casa y se duerme.
   El domingo:
   1. El señor Aguirre pasa el día fuera de casa.
   2. El señor Aguirre casi no puede dormir.

❷ *Stories will vary.*
❸ *Dialogues will vary.*
❹ *Answers will vary.*
❺ *Narrations will vary.*
❻ *Descriptions will vary.*

Un poco más

❶ b

❷ Buscapalabras.
   16 items:
   vestido, corbata, traje, chaqueta, botas, pantalones, falda, blusa, camiseta, cinturón, calcetines, suéter, sandalias, bluejeans, camisa, zapatos

Capítulo 10

Antes de leer: **Actividades**

A. *Answers will vary.*
B. *Answers will vary.*

Mientras lees: ¡**No tengo nada que ponerme!**

A. Verónica Aguirre

B. Llega tarde a clase y se le olvida llevar su cuaderno con su tarea de matemáticas. También se duerme en la clase de inglés.

C. Se encuentra con su mejor amiga Laura.

D. Piensa que son desastres.

E. Quiere saber si Verónica habló con Miguel.

F. No le queda bien y la hace sentirse fea.

G. Si es posible transformar una amistad en una relación romántica

H. Verónica y Miguel son buenos amigos pero ahora Verónica quiere salir en una cita con Miguel.

I. Sabe que a Miguel le gusta Verónica y qué a ella le interesa salir con Miguel.

J. Los chicos creen que es imposible transformar una amistad en una relación romántica y las chicas creen que sí es posible.

K. Miguel

L. Quiere saber si Verónica tiene su *diskette.*

M. Deciden encontrarse enfrente del gimnasio después de las clases para ir a la casa de Verónica a buscar el *diskette.*

N. Ahora va a tener la oportunidad de hablar con Miguel.

O. Quiere animarla a hablar con Miguel sobre su relación.

P. Ve que su montón de ropa no está en el piso.

Q. Empieza a gritar.

R. Miguel y la mamá de Verónica

S. Miguel va a la cocina.

T. Piensa que Miguel nunca la va a perdonar por perder su *diskette.*

Después de leer: **Actividades**

❶ c, g, a, d, f, h, b, and e

❷ *Answers may vary. Possible answers:*
1. Verónica, llega a clase a tiempo.
2. Verónica, debes traer tu tarea al colegio.
3. Verónica, debes dormir más en casa.
4. Verónica, invita a Miguel al baile.
5. Verónica, pon tu ropa en su lugar.
6. Verónica, haz lo que te dice tu padre.
7. Verónica, debes comprar ropa nueva.
8. Verónica, ve a *Goodwill* a buscar el *diskette* de Miguel.

❸ *Lists will vary.*

❹ *Emails will vary.*

❺ *Dialogues will vary.*

Un pocó mas

❶ *Cards will vary.*

Capítulo 11

Antes de leer: **Actividad**

1. Sr. Aguirre, c   2. Gustavo, b
3. Olivia, a   4. Verónica, d

Mientras lees: **¡Perdóname!**

A. Miguel

B. Quiere invitar a su amiga Verónica al baile pero no sabe cómo hacerlo.

C. Arnulfo dice que Miguel debe darle a Verónica algo importante. Así puede ir a su casa a recogerlo.

D. Decide darle un *diskette* a Verónica.

E. Verónica empieza a gritar como loca.

F. No

G. Su papá llevó su ropa a *Goodwill.*

H. Siente un poco de alivio.

I. Quiere ir a *Goodwill.*

J. Quiere saber por qué van a *Goodwill.*

K. Que su *diskette* está dentro de la ropa que su papá llevó a *Goodwill*

L. Que el *diskette* no vale nada

M. Que debe confesarle la verdad a Verónica

N. No

O. Le da el *diskette* de Miguel.

P. Lo mete en su computadora para asegurar que la tarea de Miguel está intacta.

Después de leer: **Actividades**

❶ 1. F; Miguel quiere invitar a Verónica al baile del sábado.
2. C
3. C
4. F; Verónica grita porque no encuentra su ropa y sabe que el *diskette* de Miguel está en el bolsillo de sus pantalones.
5. C
6. F; Olivia le dice a Miguel que Verónica odia su ropa.
7. C
8. C
9. F; El *diskette* no contiene nada.

❷ 1. Miguel y Arnulfo fueron al parque. Platicaron sobre el baile del sábado.
2. Miguel fue a la casa de Gustavo. Vio el partido de fútbol.
3. Olivia y Miguel fueron a la cocina. Comieron helado.
4. Verónica fue a su cuarto. Buscó el *diskette* de Miguel.
5. Olivia fue al patio. Jugó un rato.

6. Verónica y Miguel fueron a *Goodwill*. Buscaron el *diskette* de Miguel.

❸ *Answers will vary.*

❹ *Dramatizations will vary.*

❺ *Dramatizations will vary.*

Un poco más

❶ 1. ¡Se siente horrible!   2. Se siente enojada.
   3. Se siente feliz.   4. Se siente decaído.

❷ *Paragraphs will vary.*

Capítulo 12

Antes de leer: **Actividades**

A. 1. El ambiente   2. La caracterización
   3. El clímax   4. El conflicto
   5. El diálogo   6. El desenlace
   7. El punto de vista   8. El tema

B. *Examples will vary.*

Mientras lees: **El clavel pisoteado**

A. Laura, la mejor amiga de Verónica

B. Verónica y Miguel

C. Romeo y Julieta

D. Dice que Miguel usó el diskette como un pretexto para hablar a solas con Verónica. Dice que Miguel quiere invitar a Verónica al baile.

E. Debe escribir una nota anónima.

F. Para darle un aire de misterio; porque una nota anónima le intrigaría a cualquier chico

G. El clavel

H. Laura

I. No

J. Se encuentran con Miguel y Arnulfo.

K. Dicen que van a la práctica de fútbol.

L. No lo cree porque van en la dirección opuesta al campo de fútbol.

M. La pasaron buscándole un vestido a Verónica para el baile.

N. Verónica le da el clavel rojo.

O. Porque Arnulfo la vio poner la nota en el lóquer; porque tiene el clavel rojo en la mano

P. Se va corriendo hacia la salida.

Q. Le grita a Verónica que se lleve su clavel.

R. Miguel

S. Sí, porque Miguel y Verónica por fin están juntos.

Después de leer: **Actividades**

❶ *Answers will vary.*

❷ *Dialogues will vary.*

❸ *Descriptions will vary.*

❹ 1. Capítulo 7: Sinvergüenza (Olivia). Olivia no cree que debe ser castigada por haber hecho las galletas para el club de drama.
   2. Capítulo 8: El Club de hombres (Gustavo). Gustavo cree que sus amigos se van a burlar de él si se dan cuenta que le gusta cocinar.
   3. Capítulo 9: El Monstruo (Sr. Aguirre). El Sr. Aguirre no puede creer que su hija Verónica sea tan desorganizada y quiere deshacerse del montón de ropa que ella tiene en su cuarto.
   4. Capítulo 10: ¡No tengo nada que ponerme! (Verónica) Verónica odia su ropa y por eso la deja tirada en el suelo. Pero cuando su papá lleva su ropa a *Goodwill,* también se lleva el *diskette* de Miguel. Verónica cree que ha perdido el *diskette* de Miguel y cree que Miguel nunca la va a perdonar.
   5. Capítulo 11: ¡Perdóname! (Miguel) Miguel no sabe cómo decirle a Verónica que el *diskette* no tiene nada archivado. Cree que Verónica se va a enojar con él porque ha pasado tanto tiempo buscando el *diskette* y se ha preocupado mucho.
   6. Capítulo 12: El clavel pisoteado (Laura). Laura cree que Verónica debe invitar a Miguel al baile, pero por un malentendido, Miguel cree que Laura es quien lo invitó al baile. Laura trata de unir a los amigos en el baile, pero antes de hacerlo parece que ella es la villana.

❺ *Answers may vary. Possible answers:*
   1. El tema: es importante decir la verdad porque todos los personajes se meten en líos cuando no dicen la verdad. 2. El climax ocurre cuando Miguel se siente decaído porque piensa que Laura es la chica del clavel y la nota, y Verónica se siente horrible porque piensa que Miguel no quiere estar con ella en el baile. 3. El desenlace se produce cuando Verónica y Miguel por fin se juntan en el baile.

Un poco más

❶ *Short novels will vary.*

Acknowledgments

For permission to reprint copyrighted material, grateful acknowledgment is made to the following source:

Agencia Literaria Carmen Balcells on behalf of Fundación Pablo Neruda: From "Oda al aire" from *Odas Elementales* by Pablo Neruda. Copyright © 1954 by Pablo Neruda and Fundación Pablo Neruda.

Photography Credits

Abbreviations used: (t) top, (b) bottom, (c) center, (l) left, (r) right.

1 (cr, br), Digital imagery® copyright 2003 PhotoDisc, Inc.; (cl), HRW Photo; 6 (all), Sam Dudgeon/HRW; 7 (all), Sam Dudgeon/HRW; 10 (br), Jimmy Dorantes-www.latinfocus.com; 12 (tr), Daniel Schaefer/HRW; (bc), EyeWire, Inc.; 13 (tc), © Digital Vision; 20 (br), White Pine Press; 32 (c), L. Clarke/CORBIS; 33 (c), Corbis Images; (tc), Duomo/CORBIS; 34 (br), Dennis Degnan/CORBIS; 35 (tl), Duomo/CORBIS; 38 (tr), Digital imagery® copyright 2003 PhotoDisc, Inc.; (cl), David R. Frazier Photolibrary; 39 (br), Miwako Ikeda/International Stock Photography; 40 (tr), Bob Daemmrich/HRW; (bl), Michelle Bridwell/Frontera Fotos; 41 (tl), Peter Menzel/HRW; (br), Corbis Images; 42 (tc), Bob Daemmrich/Stock Boston, Inc./Picture Quest; (bl), Corbis Images; 43 (tl), John Langford/HRW; (br), Martha Granger Photography/HRW; 44 (bl), Bob Daemmrich/HRW; (cl), Peter Menzel/HRW; (cr), Bob Daemmrich/Stock Boston, Inc./Picture Quest; (br), John Langford/HRW; 45 (t), Martha Granger/Edge Video Productions/HRW; 46 (cl), Jimmy Dorantes-www.latinfocus.com; (tc), Courtesy of Texas Highways Magazine; (tr), Digital imagery® copyright 2003 PhotoDisc, Inc.; (tl), Corbis Images; 55 (toro), C. Prescott-Allen/Animals Animals/Earth Scenes; (hormiga), ©1998 Artville, LLC; (zorro), Corbis Images; (all others), Digital imagery® copyright 2003 PhotoDisc, Inc.; 66 (br), Sam Dudgeon/HRW; 89 (b), Martha Granger/Edge Video Productions/HRW; 90 (all), Digital imagery® copyright 2003 PhotoDisc, Inc.; 98 (tl, cl, tr), Sam Dudgeon/HRW; (cr), Corbis Images; 106 (all), Digital imagery® copyright 2003 PhotoDisc, Inc.

Illustration Credits

Abbreviated as follows: (t) top, (b) bottom, (l) left, (r) right, (c) center.
All art, unless otherwise noted, by Holt, Rinehart & Winston.

Table of Contents: Page iv (tl), Amanda Trimble; iv (bl), Amanda Trimble; iv (tr), Edson Campos; iv (br), Edson Campos; v (tr), Jeff Moore; v (bl), Amanda Trimble; v (br), Charles Peale; vi (tl), Bethann Thornbourgh; vi (b), Jeff Moore; vi (tr), Amanda Trimble; vii (t), Edson Campos; vii (bl), Amanda Trimble; vii (br), Edson Campos.

Chapter One: Page 1, Amanda Trimble; 2, Amanda Trimble; 3, Amanda Trimble; 5, Amanda Trimble; 6, Amanda Trimble; 7, Amanda Trimble; 9, Amanda Trimble; 10, Amanda Trimble. **Chapter Two:** Page 11, Amanda Trimble; 12-13, Amanda Trimble; 16, Amanda Trimble; 17, Amanda Trimble. **Chapter Three:** Page 22, Edson Campos; 23, Edson Campos; 24, Edson Campos; 25, Edson Campos; 30 (t), Bob McMahon; 30 (b), Edson Campos. **Chapter Four:** Page 32, Amanda Trimble; 33, Amanda Trimble; 34, Amanda Trimble; 35, Amanda Trimble; 37, Eva Vagreti Cockrille; 38, Amanda Trimble. **Chapter Five:** Page 45, Amanda Trimble; 46, Amanda Trimble. **Chapter Six:** Page 47, Jeff Moore; 48. Jeff Moore; 49, Jeff Moore; 50, Jeff Moore; 51, Jeff Moore; 52, Jeff Moore; 54, Charles Peale; 55 (tr), Bethann Thornburgh; 56, Amanda Trimble. **Chapter Seven:** Page 57, Bethann Thornburgh; 58, Edson Campos; 59, Edson Campos; 60, Edson Campos; 61, Edson Campos; 62, Edson Campos; 64, Edson Campos; 65, Edson Campos. **Chapter Eight:** Page 67, Bethann Thornburgh; 68, Edson Campos; 69, Edson Campos; 70, Edson Campos; 71, Edson Campos; 74, Amanda Trimble. **Chapter Nine:** Page 76, Edson Campos; 77, Edson Campos; 78, Edson Campos; 79, Edson Campos; 80, Edson Campos; 81, Jeff Moore; 82, Jeff Seaver. **Chapter Ten:** Page 83, Edson Campos; 84, Edson Campos; 85, Edson Campos; 86, Edson Campos; 87, Edson Campos; 89, Amanda Trimble; 90, Amanda Trimble. **Chapter Eleven:** Page 91, Edson Campos; 92, Edson Campos; 93, Edson Campos; 94, Edson Campos; 95, Edson Campos; 98, Edson Campos. **Chapter Twelve:** Page 100, Edson Campos; 101, Edson Campos; 102, Edson Campos; 103, Edson Campos; 104, Edson Campos.